Charcot, Freud et l'hystérie

Acteurs de la Science

Collection dirigée par Richard Moreau, professeur honoraire à l'Université de Paris XII et Claude Brezinski, professeur émérite à l'Université de Lille

La collection Acteurs de la Science est consacrée à des études sur les acteurs de l'épopée scientifique moderne ; à des inédits et à des réimpressions de mémoires scientifiques anciens ; à des textes consacrés en leur temps à de grands savants par leurs pairs ; à des évaluations sur les découvertes les plus marquantes et la pratique de la Science.

Dernières parutions

Djillali Hadjouis, *Camille Arambourg, Une œuvre à travers le monde*, 2012.
Jacques Marc, *Comment l'homme quitta la Terre*, 2012.
Georges Mathieu, *La Sorbonne en guerre (1940-1944)*, suivi de *Journal de la Libération de Versailles*, 2011.
Norbert Gualde, *L'épidémie et la démorésilience*, 2011.
Jean-Pierre Aymard, *Karl Landsteiner. L'homme des groupes sanguins*, 2011.
Pierre Pageot, *La santé des Limousins et des Périgourdins au XIXe siècle*, 2011.
Yves Delange, *Conversation au bord de la Sorgue : Jean-Henri Fabre et Louis Pasteur*, 2011.
André Audoyneau, *D'un pays à l'autre. Chroniques d'un médecin colonial*, 2011.
Roger Teyssou, *L'Aigle et le Caducée. Médecins et chirurgiens de la Révolution et de l'Empire*, 2011.
Henri Delorna, *Les Tribulations d'Henri en Pologne occupée (1941-1945). Témoignage*, 2010.
J. Boulaine, R. Moreau, P. Zert, *Éléments d'histoire agricole et forestière*, 2010.
Jean Céa, *Une vie de mathématicien. Mes émerveillements*, 2010.
Bernard Faidutti, *Copernic, Kepler, Galilée face aux pouvoirs*, 2010.
David Hanni, *Rencontres avec des guérisseurs. Magnétiseurs, radiesthésistes et rebouteux en Champagne-Ardenne*, 2010.
Richard Moreau, *Pasteur et Besançon. Naissance d'un génie*, 2009.
Jean Dominique Bourzat, *Une dynastie de jardiniers et de botanistes : les Richard. De Louis XV à Napoléon III*, 2009.
Thomas de Vittori, *Les notions d'espace en géométrie*, 2009.

Roger Teyssou

Charcot, Freud et l'hystérie

Du même auteur

La médecine dans le sang. Gabriel Andral, pionnier de l'hématologie (à paraître).

L'aigle et le caducée. Médecins et chirurgiens de la Révolution et de l'Empire, Editions L'Harmattan, 2011.

Une histoire de l'ulcère gastro-duodénal. Le pourquoi et le comment, Editions L'Harmattan, 2009.

Dictionnaire des médecins, chirurgiens et anatomistes de la Renaissance, Editions L'Harmattan, 2009.

Dictionnaire mémorable des remèdes d'autrefois, Editions L'Harmattan, 2007.

Quatre siècles de thérapeutique médicale du XVI^{è} au XIX^{è} siècle en Europe, Editions L'Harmattan, 2007.

La Médecine à la Renaissance, Editions L'Harmattan, 2002.

5-7, rue de l'École-Polytechnique ; 75005 Paris
http://www.librairieharmattan.com
diffusion.harmattan@wanadoo.fr
harmattan1@wanadoo.fr
ISBN : 978-2-296-99465-2
EAN : 9782296994652

En effet les grands hommes sont précisément ceux qui ont apporté des idées nouvelles et détruit des erreurs. Ils n'ont donc pas respecté eux-mêmes l'autorité de leurs prédécesseurs et ils n'entendent pas qu'on agisse autrement envers eux.

Claude Bernard

Les idées sont plus entêtées que les faits.

J.M. Charcot

Notre pauvre raison dont nous sommes si fiers, est fragile et combien nous sommes suggestibles, hallucinables, automates à nos heures[1].

Hippolyte Bernheim

Croyez ceux qui cherchent la vérité, doutez de ceux qui la trouvent, mais ne doutez pas de vous-même.

André Gide

---

[1] Bernheim H., *Op. cit.*, 501.

Collection particulière

Introduction

Dans l'aliénation mentale, nous voyons les troubles les plus extraordinaires de la raison, dont l'étude est une mine féconde où peuvent puiser le physiologiste et le philosophe ; mais les diverses formes de la folie ou du délire ne sont que des dérangements de la fonction normale du cerveau, et ces altérations de fonction sont, dans l'organe cérébral comme dans les autres, liées à des altérations anatomiques constantes. Si, dans beaucoup de circonstances, elles ne sont point encore connues, il faut en accuser l'imperfection seule de nos moyens d'investigation. D'ailleurs ne voyons-nous pas certains poisons tels que l'opium, le curare, paralyser les nerfs et le cerveau sans qu'on puisse découvrir dans la substance nerveuse aucune altération visible ? Cependant nous sommes certains que ces altérations existent, car admettre le contraire serait admettre un effet sans cause[1]. Toute l'œuvre de Charcot était basée sur ces prémisses positivistes. Celle de Freud les ignorait superbement, avec un soupçon de réserve toutefois (on ne saurait trop préserver l'avenir), car il écrivait : *On doit se rappeler que toutes nos connaissances psychologiques provisoires doivent être un jour établies sur le sol des substrats organiques. Il semble alors vraisemblable qu'il y ait des substances et des processus chimiques particuliers qui produisent les effets de la sexualité et permettent la perpétuation de la vie individuelle dans celle de l'espèce*[2]. Tout l'enjeu de l'interprétation de l'hystérie résidait dans ce dilemme : d'un côté un scientifique novateur qui tentait d'appliquer la

---

[1] Claude Bernard, *La science expérimentale*, Paris, 1878, 400-401.
[2] Freud, *Gesammelte Werke*, X, 143.

méthode expérimentale à l'étude d'une névrose, de l'autre un médecin qui réintroduisait la philosophie dans l'étude des maladies mentales. Charcot était le lucide contestateur de Pinel et d'Esquirol. Freud était leur génial continuateur. Georges Dujardin Beaumetz (1833-1895) en 1891 affirmait que par ses manifestations étranges, *l'hystérie a supprimé le mot impossible de la pathologie.* Il ajoutait, avec quelque désappointement, qu'elle était hors d'atteinte de toute thérapeutique, d'une part en raison du rôle essentiel joué par l'imagination dans les perturbations nerveuses qui la caractérisaient, d'autre part du fait de la tendance de ces malades à tromper leur entourage et leurs médecins, aptitude qu'il interprétait comme un délire malicieux. Pour finir, le thérapeute en était réduit à reconnaître que dans cette névrose, *tout peut échouer et tout peut réussir*[3].

Or on peut imaginer que l'hystérie ne corresponde pas à un dysfonctionnement du système nerveux et résulte d'un fonctionnement normal mais inhabituel. Ce serait dès lors un trait constitutif du comportement de l'être humain comme le fait d'éprouver de la joie, de la peine, de l'anxiété ou de la colère, par contre dans la démesure. Ce serait la réponse excessive à un stimulus disproportionné, à un agent provocateur monstrueux, générateur de manifestations mobilisant en masse et dans le désordre toutes les ressources sensorielles, sensitives, motrices et végétatives de l'organisme. Que sa nature soit physique, comme le traumatisme provoqué par une blessure de guerre, ou moral, comme un deuil, ce stress se traduirait par une inhibition du contrôle qu'exercerait le cortex sur les comportements somatiques, et susciterait la libération de réactions plus archaïques de défense. Le néocortex passerait la main au paléocortex. Le pilotage humain deviendrait un pilotage automatique. Ce ne serait pas le surgissement de concepts anciens refoulés qui provoquerait la crise, mais la substitution d'une activité instinctive à une activité raisonnée. On comprend mieux l'attitude de l'inquisiteur qui y voyait une possession diabolique. L'hypothalamus pourrait effectivement s'identifier à Satan : il incarne ce que le système nerveux a de plus animal, de bestial aurait-on dit au Moyen Age. Il est philogénétiquement reptilien, et le serpent était l'incarnation du mal. Sans le savoir, Tomès de Torquemada (1420-1498) était peut-être plus proche de la vérité que Jean Martin Charcot et Sigmund Freud !

---

[3] Dujardin-Beaumetz, *Leçons de clinique thérapeutique*, Paris, 1891, **3**, 149.

1

L'homme et le chercheur

Ne cherchez pas la statue de Charcot qui s'élevait à la porte d'entrée de la Salpêtrière à la fin du XIX^{ème}siècle, les Allemands l'ont enlevée en 1942 pour la fondre et en récupérer le métal. Ne cherchez pas non plus le 1 rue du Faubourg Poissonnière. Là où se dressait la maison natale du grand neurologue, existe désormais un immeuble construit en 1993. Né le 29 novembre 1825, Jean Martin Charcot était le second fils de Simon-Pierre Charcot, carrossier, et de Jeanne-Georgette Saussier. Il avait été baptisé le 1er décembre de la même année en l'église Notre-Dame de Bonne Nouvelle. Les témoins étaient Jean-Antoine Saussier, carrossier, et Martin Cathrein, arrière grand-oncle, propriétaire d'une maison à Saint Germain en Laye où le jeune Jean-Martin, son filleul, passait ses vacances. Ses parents habitaient au numéro 27 de la rue Bleue, chez Jean Antoine Saussier, et le père de Charcot travaillait dans l'entreprise de son beau-père. Cette famille était laborieuse et modeste, certes, mais aucunement démunie. La mère, fidèle aux préceptes d'économie de la petite bourgeoisie du temps, veillait à l'éducation de ses quatre enfants. Martin, l'aîné, devait succéder à son père dont il reprit l'établissement. Les deux cadets firent une carrière militaire. Emile termina la sienne comme officier supérieur de l'intendance, Eugène, d'abord marin, puis incorporé dans les spahis, fut tué en mission au Sénégal, en 1869. Jean-Martin fit ses études primaires à la pension Sabatier, fréquentée par les enfants de familles aisées. On y dispensait un excellent enseignement qui comprenait des rudiments de grec et de latin. Il termina ses humanités au lycée Saint-Louis où il aurait été pensionnaire et non au lycée Impérial Bonaparte, aujourd'hui lycée Condorcet, comme le prétendaient certaines biographies. En effet, tous les fils de la famille Charcot portaient le prénom Martin accolé à leur prénom usuel. Un jeune Martin Charcot avait effectivement fréquenté le lycée Bonaparte, mais à des dates incompatibles avec l'obtention du bac de Jean-Martin, le 31 août 1843. Un doute subsistera néanmoins car les archives du lycée Saint-Louis ne remontent pas au-delà de 1882. On sait peu de choses de son enfance, sinon qu'il était de caractère renfermé, de tempérament *phlegmatique*, très attiré par la lecture et le dessin. Sa vocation médicale semble avoir été précoce et exclusive, et il n'aurait envisagé une carrière artistique que passagèrement. Peu après le début de ses études médicales, il avait été nommé externe et se présentait un an plus tard, c'est-à-dire le plus vite qu'il était possible, au concours de l'internat. Il était recommandé au pédiatre Jean Gaston Marie Blache (1799-1871), membre du jury de l'internat, par son patron de l'époque, le docteur Regnier. En dépit de cet appui, il ne fut reçu qu'en 1848, dans la même promotion que Vulpian, Potain et Trelat. Il avait 23 ans et son portrait en médaillon qui orne les peintures de la salle de garde de l'ancien hôpital de la Charité, pieusement conservées au musée de l'Assistance Publique de Paris, nous le montre glabre, le visage long, le front dégagé, le cheveu noir, le nez aquilin. La bouche esquisse déjà cette moue désabusée qui s'accentuera au fil des années. On imagine le regard noir qui filtre sous de lourdes paupières, qui observe, analyse et retient. Un beau ténébreux, doué pour le dessin, à l'esprit critique aiguisé. Il a laissé des caricatures qu'il fit de quelques-uns de ses contemporains, lorsqu'il était encore étudiant. Il effectua sa première année d'internat chez Louis Brehier (1813-1876), qui introduisit le laboratoire à l'hôpital et s'intéressa à la médecine allemande. Il devint ensuite l'interne puis le chef de clinique de Pierre Adolphe Piorry (1794-1879), *un des hommes les plus extraordinaires de notre époque*[5], esprit original, inventeur du plessimétre[6] et d'une nomenclature

---

[5] Paul Labarthe, *Nos médecins contemporains*, Paris, 1868, 249.

[6] Petite plaque ovale d'ivoire ou de métal, garnie d'une oreille à chaque extrémité, qui facilitait la pratique de la percussion. Un des bords de cette plaque était gradué en centimètres et en millimètres pour mesurer avec précision l'étendue de la matité des organes.

tirée du Grec et consistant à placer le nom de l'organe atteint au milieu du mot, celui de la lésion, à la fin, et de placer à son début une particule désignant, le degré, l'évolution et la cause du mal ! Ainsi, l'apoplexie était une *nevraxorrhémie* ou la paralysie, une *anervismie*. Charcot ne sembla pas avoir gardé de ce maître un souvenir impérissable, néanmoins, auprès de lui, il avait dû recevoir une bonne formation clinique en percussion et en auscultation. En revanche, il fut très influencé par un des grands anatomopathologistes de l'époque, Pierre François Rayer (1793-1867). Rayer était un homme de caractère qui fut refusé à l'agrégation. On racontait qu'il devait cet échec au fait d'être protestant, appartenance religieuse lourde de conséquences sous la Restauration. Il obtint cependant la chaire de médecine comparée, créée spécialement pour lui en 1862. Son honnêteté intellectuelle, et sa rigueur scientifique, faisaient de lui un rationaliste éloigné des systèmes. Il fut certainement pour Charcot l'initiateur de ses futurs travaux histologiques, même si Louis Antoine Ranvier (1835-1922) le forma à l'anatomie pathologique microscopique. N'oublions pas en effet que Rayer avait contribué à la création de la chaire d'histologie dont le premier titulaire fut Charles Robin (1821-1885) et dont personne ne voulait. La proposition de Napoléon III de créer trois nouvelles chaires à la Faculté de Médecine, une d'histologie, une de pathologie expérimentale et une d'histoire de la médecine, avait été très fraîchement accueillie par les professeurs et les étudiants. Quand Charcot fut interne à la Salpêtrière, dans le service de Cazalis, en 1852, il prépara sa thèse intitulée : *Etude pour servir à l'histoire de l'affection décrite sous le nom de goutte asthénique primitive, nodosité des jointures, rhumatisme articulaire chronique (forme primitive)*. Son jury était présidé par Piorry, assisté d'Armand Trousseau et de Pierre Requin (1803-1855). Dès sa parution, en 1853, et bien après, ce travail suscita un concert de louange. Il est vrai que le jeune auteur apportait un peu de clarté sur un sujet bien embrouillé et individualisait la polyarthrite sous le nom de rhumatisme articulaire chronique progressif. Plus tard, cédant il est vrai à sa propension pour l'unicité, il réintégrera cette entité pathologique dans les rhumatismes articulaires chroniques. En 1867, utilisant le procédé du fil d'Alfred Garrod[7] (1819-1907), il constatait l'absence d'acide urique dans le sang des sujets atteints d'arthrose[8]. Il effectua son clinicat de 1853 à 1855 et ouvrit un cabinet à Paris. Ce fut à cette époque que Rayer lui fit faire la connaissance du financier et homme politique Achille Fould (1800-1867), ministre des finances sous le second Empire. Charcot accompagna le frère du banquier, Benoît, auquel Rayer avait prescrit ce voyage, comme médecin particulier dans le périple qu'il effectua en Italie. Charcot devint le médecin de la famille Fould avec laquelle il entretint toujours des relations d'amitié. En 1856, il fut nommé médecin des hôpitaux. En 1857, son premier concours d'agrégation fut un échec. Il avait soutenu une thèse intitulée *L'expectation en médecine*. Il remporta le second et devint agrégé en 1860, en même temps que Potain, Parrot, Vulpian, Laboulbène et Marcé, avec une thèse ayant pour titre : *De la pneumonie chronique,* et l'appui de Rayer. Les deux hommes se connaissaient depuis 1848, date du concours de l'internat de Charcot. Rayer l'avait fait entrer à la Société de Biologie qu'il avait fondée la même année. Charcot y avait décrit avec Charles Philippe Robin (1821-1885), un cas de leucémie chez un malade de 45 ans décédé dans le service de Rayer à la Charité et présentant, outre une splénomégalie et une augmentation des globules blancs, des cristaux octaédriques décrits plus tard par Ernt von Leyden (1832-1910)[9]. C'est dans cette même revue qu'il publiera, en 1858, la première observation de claudication intermittente chez l'homme[10], symptôme d'oblitération artérielle déjà observée chez le cheval par le vétérinaire Henri-Marie Bouley (1814-1885) en 1831.

Devenu médecin de l'hospice de la Salpêtrière en 1862, il y déploya tout son talent d'organisateur, d'enseignant et

---

[7] Pour mettre en évidence l'hyperuricémie sanguine, Garrod inventa le *thread test* (l'épreuve du fil) : il versait quelques millilitres de sérum dans un verre de montre. Il ajouait quelques centigrammes d'acide acétique. Il y laissait tomber un fil de lin et, au bout de 48 heures, constatait au microscope que des cristaux d'acide urique s'étaient déposés sur le fil. R. Teyssou, *La médecine à la Renaissance*, Paris, 2002, 362.

[8] Garrod A.B., *La goutte, sa nature, son traitement et le rhumatisme goutteux* ... traduit de l'anglais par Auguste Ollivier ... et annoté par J.M. Charcot ..., Paris, 1867, note 128-129.

[9] Charcot J.-M., Robin C., *Observation de leucocythémie*, C.R. Soc. Bio., 1853, **3**, 44-50 ; Charcot J.-M., *O.C.*, 1888, **5**, 348-359.

[10] Charcot J.-M., *Sur la claudication intermittente*, C.R. soc. bio. de Paris, 1858, Mémoires, 1859, 2ème série, **5**, 225-238.

d'observateur. Il établit les bases d'un enseignement clinique de qualité et mena de remarquables recherches sur la sclérose latérale amyotrophique, le *tabès dorsalis*, les localisations pathologiques médullaires et cérébrales, l'aphasie, l'amyotrophie neurogène distale progressive ou maladie de Charcot Marie Tooth, les localisations motrices. Il dirigeait alors un énorme service de 200 lits, gigantesque vivier dans lequel il puisait pour étudier et décrire de multiples pathologies dont beaucoup concernaient les personnes âgées. Son grand *emporium* (marché) des misères humaines[11]. Il y retrouva Vulpian avec lequel il devait procéder au recensement des diverses maladies des vieillards, le plus souvent des affections ostéo-articulaires, musculaires et neurologiques chroniques[12]. Un personnage important l'accompagna durant toute sa carrière, sa surveillante, Marguerite Bottard (1822-1906), surnommée Bobotte, entrée comme infirmière à la Salpêtrière en 1843, attachée à Charcot dès 1862. En 1891, on célébrera en fanfare ses 50 ans de carrière et elle servira de modèle pour laïciser le personnel infirmier des hôpitaux.

A 37 ans, il allait entreprendre de créer la neurologie moderne[13]. Deux ans plus tard, il épousait la fille d'un tailleur parisien en renom, collectionneur de tableaux, habitant à Neuilly, Laurent Richard. Veuve depuis peu de temps, mère d'une petite fille, Marie, Madame Augustine Durvis[14] devenait donc l'épouse d'un médecin parisien promis au plus bel avenir. Elle devait y participer car, contrairement à la femme acariâtre de Claude Bernard qui faisait tout pour rendre la vie impossible à son mari, elle s'efforça de faciliter le travail scientifique de son illustre époux. Les jeunes mariés s'installèrent au numéro six de la rue du coq, l'actuelle rue Chapon dans le 3ème arrondissement de Paris. *Rue du coq six*, disait Charcot, amateur de jeux de mots, comme bien des gens de sa génération. Les journaux humoristiques de l'époque fourmillaient de ce genre de calembours dont se régalaient nos arrières grands-parents. Son épouse lui apportait en outre une confortable fortune. Toute sa vie, elle fit montre d'une

---

[11] Charcot J.-M., *Leçons sur les maladies du système nerveux faites à la Salpêtrière*, Paris, 1875, **1**, 2.
[12] Bonduelle M., Gelfand T., Goetz C.G., *Charcot, un grand médecin de son siècle*, Paris, 1996, 56.
[13] Guillain G., *J.-M. Charcot, 1825-1893, sa vie-son œuvre*, Paris, 1955, 16.
[14] Bonduelle M., *Op. cit.*, 291-292.

grande force de caractère. Sans doute est-ce pour cela qu'elle n'était pas appréciée d'Edmond de Goncourt qui la trouvait trop autoritaire. Deux enfants naquirent de ce mariage : Jeanne en 1865 et Jean, le futur explorateur polaire, en 1867. On a beaucoup glosé sur la vie sentimentale de Charcot. Rien en dehors de ragots ne permet d'accréditer ces rumeurs. On avait bien dit, et contre toute vraisemblance, de Bichat, mort en 1801 de méningite tuberculeuse, qu'il avait succombé aux excès d'une vie dissolue. On se demande en effet comment l'auteur du *Traité des membranes* aurait trouvé le temps de se dissiper au vu de l'importance de ses travaux, de la modestie de ses revenus et de la brièveté de sa vie. On éprouve le même sentiment vis-à-vis de Charcot. Son œuvre colossale n'est guère compatible avec une carrière de séducteur. En quarante-cinq ans d'activité, il aura publié en moyenne seize articles par an[15]. Léon Daudet qui s'interrogeait sur sa vie sentimentale le jugeait plutôt timide et maladroit avec les femmes et sévère avec les hommes volages[16]. Bien entendu cela n'exclut pas une brève liaison amoureuse, aucun médecin n'est à l'abri de ce genre d'aventure. On a également taxé Charcot de misogynie. Georges Didi Uberman[17] notamment en avait fait un collectionneur pervers de malades mentales, appliqué à réunir dans son service une ménagerie d'hystériques et à constituer une collection de cervelles dans des bocaux ou une galerie de photographies dans des albums, dont les plus beaux clichés auraient été ceux de l'infortunée Augustine, jeune hystérique âgée d'une quinzaine d'années, *cover girl* de l'*Iconographie* de la Salpêtrière. C'est oublier que l'hystérie représentait une petite partie de l'œuvre de Charcot. C'est oublier également qu'il avait des collaboratrices comme Helena Goldspiegel dont il inspira la dissertation inaugurale, *Contribution à l'hystérie chez les enfants*, en 1888 ou Glafira Abricosoff qui de-

---

[15] Gauchet Marcel, Swain Gladys, *Le vrai Charcot. Les chemins imprévus de l'inconscient*, Paris, 1997, 217.

[16] Daudet L., *Souvenirs des milieux littéraires, politiques, artistiques et médicaux*, Paris, 1920-1926, **1**, 179.

[17] Didi Huberman G., *Invention de l'hystérie, Charcot et l'iconographie photographique de la Salpêtrière*, Paris, 1982.

vait lui dédier sa thèse, *L'hystérie au XVIIème et au XVIIIème*, *étude historique et bibliographique* éditée à Paris en 1897[18].

La guerre de 1870 allait bouleverser la vie du couple. Charcot resta à Paris alors que sa femme et ses enfants se réfugiaient à Dieppe bien vite occupé par les troupes prussiennes. Elle embarqua alors pour Londres et s'installa chez des amis italiens, les Casella, Upper Phillimore Gardens, à Kensington[19]. Elle ne revint qu'après la cessation des hostilités. Le siège de Paris par 180000 Prussiens et 700 pièces d'artillerie avait commencé le 20 septembre 1870. Les obus tombaient sur la ville dès le 27 décembre quand Moltke (1800-1891) s'aperçut qu'il ne parviendrait pas à obtenir la reddition de Trochu (1815-1896). Deux tirs par minute qui, à défaut de faire beaucoup de dommage, empêchèrent le sommeil, mais tuèrent néanmoins près de 400 personnes. Un armistice fut signé le 28 janvier 1871. Le 18 mars, une insurrection éclatait à Paris et la troupe chargée d'enlever des canons de Montmartre fraternisa avec les émeutiers qui proclamèrent la Commune. On mangeait les animaux domestiques, les pensionnaires du zoo de Vincennes, les rats. Le pain contenait de la sciure de bois. Charcot, resté à Paris, soignait les victimes des épidémies de typhoïde et de variole qui sévissaient. Il circulait muni d'un brassard de la Croix-Rouge qui lui permettait de franchir les barricades dressées par les fédérés de la Commune. La Salpêtrière avait même été bombardée en janvier 1871, probablement par les Versaillais. La Commune fut écrasée dans le sang par les troupes de Thiers (1797-1877) pendant la semaine sanglante du 21 au 28 mai 1871. Charcot retrouva sa famille et logea désormais avec elle au 15 quai Malaquais, dans un immeuble du XVIIème siècle qui existe toujours. L'année suivante, il remplaçait son ami Vulpian, nommé professeur de pathologie expérimentale, à la chaire d'anatomie pathologique qu'il occupera pendant dix années. Ce fut une des périodes les plus fécondes de sa carrière. Il était alors un interniste dans toute l'acception moderne du terme, associant investigations scientifiques et en-

[18] Gilman Sander L., King Helen., Porter R., Rousseau G.L., Showalter Elaine., *Hysteria beyond Freud*, Berkeley, 1993 ; *Tables (la première des noms d'auteur, et la seconde des matières) des thèses soutenues à la Faculté de Médecine de Paris pendant l'année scolaire 1888-1889*, Paris, 1889, 14, 32 ; 5, 44 et Wohnlich-Despeigne, *Les historiens de la médecine au XIX ème siècle*, Paris, 1987, 53.
[19] Oulié Marthe, *Jean Charcot*, Paris, 1937, 18.

seignement clinique[20]. Dès lors, il allait s'engager dans la création d'un enseignement essentiellement neurologique qu'il faisait déjà à titre privé à la Salpêtrière depuis seize ans. Il avait créé, avec l'aide financière de l'Assistance Publique et de la municipalité parisienne, une structure clinique et de recherche très développée. La reconnaissance par le ministère de l'Instruction Publique lui ouvrit d'encore plus vastes perspectives : dés 1879, il obtenait un amphithéâtre, des laboratoires, une consultation externe. Trois ans plus tard, en avril 1882, la consécration lui vint avec la chaire obtenue grâce à des appuis politiques de gauche (Léon Gambetta et Jules Ferry notamment) et, il faut bien l'admettre, par son orientation vers l'étude de l'hystérie, non sans risque pour son honorabilité scientifique. On reprochait à Charcot la création d'une chaire *intuitu personae* (en considération de la personne). Ses adversaires lui rappelaient que les maladies neurologiques n'étaient pas si fréquentes. L'hystérie allait fortement grossir leurs effectifs. Georges Guinon (1853-1895) avait dressé un tableau statistique des malades vus à la consultation du mardi de février à octobre 1891 : sur 3168 consultations, il dénombrait entre autres 193 maladies organiques du cerveau, 198 maladies de la moelle épinière, 198 maladies mentales, 244 hystéries. Il précisait : *C'est un joli chiffre que celui de 325 nouveaux malades hystériques examinés par an, à la polyclinique seulement (car telle est la moyenne annuelle fournie par les résultats portant sur neuf mois), en omettant encore tous ceux qui, dans la statistique, font double emploi (hystérie et chorée, hystérie et goitre exophtalmique, névralgies faciales hystériques, tremblement mercuriel, etc...) et ceux qui se trouvent dans les salles de l'hospice*[21].

La notoriété du *César de la Salpêtrière*, comme l'avait surnommé Léon Daudet, était universelle et l'on venait le consulter de tous les pays, notamment les têtes couronnées ou les membres des familles princières de Russie, d'Espagne ou du Brésil. Il lui fallait un logis à la mesure de son nouveau statut social. En 1884, il avait donc fait l'acquisition d'un hôtel particulier au 217 boulevard Saint Germain. L'hôtel de Varengeville, avait été

[20] Charcot J.-M., *Leçons sur les maladies du système nerveux faites à la Salpêtrière*, Paris, 1875, **1**, 2.
[21] Charcot, *Clinique des maladies du système nerveux*, Paris, 1893, **2**, 433-437.

construit en 1704 par Jacques Gabriel (1608-1782), architecte de la place de la Concorde à Paris et de la place Royale de Bordeaux. Le bâtiment primitif avait été amputé de sa cour qui donnait sur la rue Saint Dominique, lors du percement du boulevard Saint Germain par Haussmann. Il avait gardé un vaste jardin à la française sur sa façade arrière. Le décor intérieur était de style Renaissance, et la bibliothèque du maître de maison était inspirée de celle des Médicis au couvent San Lorenzo de Florence. Les rayonnages montaient jusqu'au plafond à caissons et une mezzanine permettait d'accéder aux rayons les plus hauts par deux escaliers en colimaçon. Elle recélait un grand nombre d'ouvrages consacrés à la démonologie, à la sorcellerie, aux convulsionnaires et aux possédés. Charcot, qui maîtrisait l'allemand, l'anglais, l'italien et l'espagnol, lisait tous les travaux dans les revues ou les ouvrages qu'il recevait de l'étranger. Il travaillait dans sa bibliothèque parfois toute une nuit, acharné à fournir la preuve anatomopathologique de la lésion de telle ou telle maladie neurologique ou à codifier les différentes formes d'aphasies avec son fameux schéma de la cloche. Il y recevait sa clientèle privée, assis derrière un vaste bureau. Guillain racontait que la consultation coûtait 40 francs. Pierre Marie puis Georges Guinon, dès 1889, avaient été ses secrétaires. Charcot n'aimait pas être dérangé dans son travail, fuyait les mondanités et n'acceptait pas l'intrusion, même de ses familiers, dans sa bibliothèque. Toutefois, tous les 11 novembre, il tolérait que ses enfants et ses élèves organisent une petite fête pour la Saint Martin, prénom porté également par ses deux frères. C'était dans le cadre luxueux de leur hôtel particulier que le professeur et madame Charcot organisaient les fameuses soirées du mardi auxquelles se pressait le tout Paris médical, littéraire et politique. C'était alors un robuste sexagénaire, à la silhouette trapue, aux jambes courtes, à la démarche pesante. Son cou était épais, son visage était glabre, un peu empâté, ses cheveux lisses étaient rejetés en arrière. Les sillons naso-géniens très marqués, le nez fort, accentuaient le dessin amer de lèvres sensuelles. Le regard circonspect se posait avec insistance sur les gens et les choses. Freud avait été le seul à lui trouver un strabisme convergent. Un tel défaut n'aurait pas échappé à la plume acérée de Léon Daudet. On croisait dans ces soirées mondaines les collègues de Léon Daudet. Familier de ces réceptions, il a laissé d'elles une peinture parfois cruelle, caricaturant les collaborateurs du Maître. Bourneville, *haut comme une botte* et rougeaud comme une tomate, Gilles de la Tourette, semblable à un *guignol* taillé dans du bois jaune, Charles Féré, *colosse barbu* aux mains comme des battoirs, grande aubergine qui servira de modèle au Ligotin des *Morticoles*, Gilbert Ballet, *petit, rond et roulant*, Brissaud gai et facétieux mais disciple soumis et obéissant, Pierre Marie, fonctionnaire méticuleux et ponctuel, tous passionnés par l'hystérie, Alfred Fournier, enfin, *magnifique esprit*, seul épargné par l'auteur de l'*Heredo*[22], le médecin légiste, Paul Brouardel, doyen de la faculté de médecine, et le chirurgien de Gambetta, Lannelongue, enfin, régulièrement invités aux soirées du mardi et tous deux suffisamment bien placés dans l'univers politique et universitaire parisien pour l'être. Le monde littéraire était représenté par Alphonse Daudet, très proche de Charcot, qui reconnaissait en lui son égal en tant qu'explorateur de l'âme humaine. Les Daudet habitaient à deux pas, rue Bellechasse, et le même bruit de martelage d'une forge voisine rythmait les heures de travail de l'écrivain et du médecin réfugiés dans leur bibliothèque. Théodore de Banville, qu'il avait connu enfant à la pension Sabatier, Paul Arène, écrivain ami et collaborateur de Daudet père, et dont Charcot traitait les troubles digestifs avec du bicarbonate de soude mis dans une salière posée à côté des couverts de l'écrivain. L'avocat Pierre-Marie Waldeck-Rousseau, futur président du conseil, et qui épousera la fille du premier mariage de madame Charcot, Alfred Naquet, chimiste, médecin et boulangiste ou le publiciste Antonin Proust, sans lien familial avec Marcel, secrétaire de Gambetta mais bientôt compromis dans le scandale de Panama, y représentaient le monde politique. L'empereur du Brésil et les Grands Ducs de Russie donnaient une touche aristocratique à ce riche éventail de grands personnages. Dans un coin du salon, on pouvait voir discuter le Cardinal Charles Lavigerie, prélat républicain, avec le futur préfet Louis Lépine ou Augustine Charcot, elle-même artiste peintre et sculptrice, s'entretenir avec le banquier et collectionneur d'art asiatique, Enrico Cernuschi. Le critique d'art et collectionneur Philippe Burty, féru d'art japonais, faisait partie du premier cer-

[22] Daudet Léon, *Op. cit.*, 208-220.

cle des amis de Charcot et le distrayait en rapportant les derniers potins de la capitale. Des peintres à la mode comme Georges Rochegrosse, ou des sculpteurs comme Aimé Jules Dalou, élève de Carpeaux, ancien communard, des architectes comme Charles Garnier, célèbre concepteur du tout nouvel opéra de Paris, figuraient parmi les familiers de la maison. Peut-être même le compositeur Pierre Erick, plus connu sous le nom d'Henri Parinaud, ophtalmologiste collaborateur du Maître, s'installait-il au piano pour interpréter l'une de ses œuvres. Charcot, son lorgnon à la main, la voix impérieuse et rauque, attentif au décor, aux mets et aux boissons, veillait au confort matériel de ses hôtes mais aussi au niveau des conversations, que cet *extraordinaire clarificateur* agrémentait lui-même de réflexions tirées de son expérience et de sa vaste culture générale. Il en faisait profiter tout particulièrement ses intimes quand, la soirée achevée, le salon vidé de la foule des invités, on se retirait au fumoir pour y discuter d'art, de littérature, ou de philosophie. Leur hôte illustre aimait parler du théâtre de Shakespeare et de ses héros aux confins de la folie, de l'*Enfer* de Dante dont Gustave Doré venait d'illustrer une récente édition, de la *Constance du Sage* de Sénèque ou du *Timée* de Platon et de leurs paradigmes. Il brillait dans ses descriptions de l'extraordinaire richesse chromatique des portraits de Frans Hals et excellait à discerner l'influence du *cinquecento* vénitien dans la Vénus au miroir de Vélasquez. Parfois, lorsque la soirée avait été musicale, il rappelait son admiration pour Beethoven, Rameau ou Gluck et son aversion pour le tudesque Wagner. On se moquait un peu d'Edouard Pailleron, auteur de pièces de théâtre aux noms prédestinés comme *Le monde ou l'on s'ennuie* ou *Narcotique* dont on disait qu'elles avaient anesthésié des parterres entiers de spectateurs. Ami des bêtes, il interdisait les histoires de chasse en sa présence et gâtait ses chiens ou sa guenon avec les prévenances d'une mère pour ses enfants. On imagine ce qu'était l'hospitalité fastueuse des Charcot lorsqu'on visite l'hôtel d'Édouard André et de Nélie Jacquemart, boulevard Haussmann à Paris, devenu le musée Jacquemart-André, mais conservé dans son état d'origine. Ce superbe hôtel particulier est très représentatif des belles demeures habitées par la haute bourgeoisie parisienne à la fin du XIXème siècle.

Chaque été, toute la famille se rendait à la maison de campagne des Charcot, achetée en 1883, 29 rue Saint-James à Neuilly. Il y travaillait dans le calme, loin des encombrements et du tumulte de la capitale, y préparant les cours de la rentrée mais y recevant parents, amis ou personnalités du monde politique ou artistique. Quand les soirées d'été étaient belles tout le monde passait dans le jardin, entouré des frondaisons proches du bois de Boulogne[23].

Il se rendait dans son service de la Salpêtrière ponctuellement, même lors de sa villégiature neuilléenne. Léon Daudet décrivait son arrivée devant son service dans une voiture tirée par deux vieux chevaux qu'il flattait de la main avant de se tourner vers les membres de son service venu l'accueillir. Il s'enquérait des évènements survenus depuis la veille puis, après un passage dans son vestiaire et un bref entretien avec son chef de clinique, il se dirigeait vers la spacieuse salle de cours que le peintre Pierre André Brouillet (1857-1914) a immortalisée. En 1886, le psychologue Joseph Delboeuf (1831-1896), invité par Alfred Binet et Féré, avait décrit la Salpêtrière et la consultation de Charcot. Il soulignait la vétusté des bâtiments et les plaintes des jeunes malades qui jugeaient abusive l'utilisation qu'on faisait de leurs photographies. Alors qu'il attendait dans le parloir, il avait pu visiter le cabinet de consultation hospitalier du Maître, infiniment plus modeste que celui du boulevard Saint-Germain. C'était un petit local au rez-de-chaussée d'un bâtiment, meublé d'un bureau étroit, d'une armoire vitrée et de quelques sièges de bois marron ou peints en noir, de style Louis-Philippe ou Napoléon III[24]. Aux murs pendaient les dessins grand format de Richer reproduisant les quatre phases de l'hystérie, mais aussi des copies de gravures et de tableaux anciens, représentant des hystériques. Peu après, il avait pénétré dans l'immense salle de cours. Le long des parois s'alignaient des armoires remplies d'ossements et de crânes. Des photographies, des gravures, des peintures et quelques dessins représentant des malades étaient accrochés aux murs. Des instruments et des appareils traînaient sur les tables. Dans des vitrines, des bocaux côtoyaient des bustes de médecins, et l'image en cire non encore achevée d'une vieille femme nue. Il décrivait

---

[23] Daudet Léon, *Les œuvres et les hommes*, Paris, 1922, 235.
[24] Larguier Léo, *Les vieux hôpitaux français. La Salpêtrière*, Paris, 1939, 38.

ainsi Charcot : *Regard pénétrant ; parole brève et silencieuse ; pose de quelqu'un qui se sait en évidence et qui ne veut pas avoir l'air de poser ; habitude de jouer un rôle prépondérant ; entourage muet, attentif et recueilli*[25]. Les assistants se massaient au fond de la pièce et le Maître, appuyé contre son bureau, se faisait amener un malade, nu, l'examinait, l'interrogeait, le réexaminait, lui demandait de marcher, d'exécuter quelques mouvements. Il l'auscultait, cherchait les réflexes et percutait certains gros troncs nerveux, explorait la sensibilité. Puis il réfléchissait et, après un long silence, s'adressant à l'auditoire pour exposer ses déductions, puis revenant parfois vers le malade pour l'interroger à nouveau, il laissait tomber son diagnostic qu'il assortissait de digressions littéraires ou picturales. Si sa perspicacité était mise en échec, il l'admettait. Si la vie du malade était en jeu, il énonçait le pronostic fatal en latin, comme cela se pratiquait à l'époque. Ensuite, dans le bruit des conversations de l'auditoire, il quittait la salle, et, après un passage dans son vestiaire, sortait de son service en évitant les importuns, remontait dans sa voiture qui s'éloignait en direction des grands porches de la Salpêtrière[26].

Le service de la policlinique était alimenté par les consultations du mardi au cours desquelles des malades provenant non seulement de Paris et de la province, mais aussi du monde entier, étaient d'abord vus par les internes. Ceux-ci établissaient une liste que Charcot consultait et dans laquelle il sélectionnait les cas intéressants pour les présenter à sa leçon du jour. Celle-ci achevée, les chefs de cliniques succédaient au patron pour examiner les autres malades et prescrire examens et traitements. Les cas simples retournaient chez eux avec une ordonnance. Les autres, ramenés à l'intérieur de l'hospice, y subissaient des examens dans *les branches annexes* de la clinique que constituaient le service d'ophtalmologie d'Henri Parinaud (1844-1905), le service d'oto-rhino-laryngologie de Marie Ernest Gellé (1834-1923) et celui d'électrothérapie de Romain Vigouroux (?- ?). Des médicaments étaient distribués gratuitement aux indigents. Une statis-

---

[25] Delboeuf Joseph, *Une visite à la Salpêtrière (1885-1886),* Revue de Belgique, 1886, 54, 121-147 ; 258-275.

[26] Daudet L., *Souvenirs* ... **1**, 191-193.

tique portant sur neuf mois de l'année 1891 dénombrait, pour les 37 consultations effectuées tous les mardis, 3168 patients[27].

Charcot, en 1890, était au sommet de sa carrière. Il avait encore trois ans à vivre. Il avait subi une première alerte au cours d'un réveillon. Potain, appelé à son chevet, avait diagnostiqué une crise d'angine de poitrine. Il aurait dit à son entourage qu'il ne lui restait que deux ou trois ans à vivre[28], et le pronostic de Potain avait la réputation d'être infaillible. Effectivement, alors qu'il effectuait une excursion dans le Morvan avec Isidore Straus (1845-1896) et Maurice Georges Debove (1845-1920), il mourrait d'un œdème aigu du poumon, le 16 août 1896, dans une petite auberge du lac des Settons. Il avait soixante-sept ans. Dans son *Journal*, Jules Renard racontait, que le fils de Charcot, Jean, ayant voulu racheter à l'aubergiste le fauteuil dans lequel son père était mort y renonça devant la somme exigée. René Vallery-Radot (1853-1933) lui aurait dit qu'il avait bien fait, *qu'il ne croyait pas que ce fût le vrai et qu'elle avait dû déjà le vendre à quelque Anglais*[29] !

---

[27] Charcot, *Clinique des maladies* ..., **2**, 430-433.
[28] Daudet L., *Souvenirs* ... **1**, 223.
[29] Renard Jules, *Journal, 1887-1910*, La Pléiade, Paris, 1972, 750.

2

L'hystérie

D'Hippocrate à Pierre Briquet

Hippocrate (-460/-377) décrivait ainsi l'accès hystérique : *Si les matrices vont vers le foie, la femme perd la voix, elle serre les dents ; la couleur devient noire. Ces accidents la saisissent soudainement en pleine santé. Ils surviennent surtout chez les vieilles filles et chez les veuves qui étant jeunes et ayant eu des enfants restent dans la viduité. Les choses étant ainsi, on pousse avec la main en écartant le foie, on serre un bandage sous les hypocondres ; on ouvre la bouche de la malade et on y verse un vin très parfumé ; on fait des applications aux narines ; on fait une fumigation fétide pour le nez, aromatique pour les matrices*[30].

Platon (-427/-347), toujours imaginatif, écrivait dans le *Timée* que l'utérus était un petit animal dont l'obsession, l'idée fixe pour reprendre l'expression de Charcot, était de faire des enfants. S'il ne pouvait accomplir sa mission, il errait à travers le corps féminin comme une âme en peine et surtout, il en obstruait les orifices par lesquels sort l'air inspiré et empêchait la respiration. Il s'ensuivait les désordres organiques les plus calamiteux[31]. On voyait déjà, il y a plus de deux mille ans, s'ébaucher la notion de refoulement qui devait faire les délices de la psychanalyse. Arétée de Cappadoce (1er-2ème siècle) était convaincu que *la matrice est dans la femme comme un animal dans un animal*[32] et

---

[30] Hippocrate, *Œuvres complètes* ... E. Littré, Paris, 1851, 7, 315-316.

[31] Platon, *Œuvres complètes*, sous la direction de Luc Brisson, Paris, 2008, 2049, 91 c.

[32] Féré A., article *Hystérie* du Dictionnaire en 15 volumes, Paris, 1833, **10**, 276.

qu'elle se promenait dans la cavité abdominale. Son vagabondage l'amenait ainsi vers le haut où elle comprimait les viscères et provoquait la suffocation à l'origine de l'aphonie, de la dyspnée et de la faiblesse. Il fallait savoir que les fragrances agréables la ravissaient et quelle s'en rapprochait alors que les senteurs malodorantes l'indisposaient et qu'elle les fuyait. On voit les conséquences thérapeutiques : pour remettre l'utérus à sa place, on devait faire respirer à la malade des odeurs épouvantables et faire des fumigations aromatiques du fondement. Galien de Pergame (129-201) attribuait la suffocation et l'apnée utérines à une rétention de la semence féminine consécutive à une aménorrhée, à l'abstinence volontaire, à un veuvage. Il soulignait l'absurdité des hypothèses de Platon et d'Arétée, car les dissections prouvaient que la matrice, même prise de spasmes ne pouvait en aucune façon remonter vers l'estomac, encore moins jusqu'au diaphragme[33]. Le médecin byzantin Aëtius d'Amide (502-575) n'admettait pas non plus le déplacement de l'utérus et expliquait la propagation du spasme par les sympathies qui unissaient tous les organes. Avicenne (980-1037) l'attribuait, comme la confusion mentale, à la bile jaune. Jean François Fernel (1497-1558) évoquait l'existence de vapeurs nocives qui s'échappaient de la matrice et perturbaient le bon fonctionnement des organes qu'elles atteignaient. Pour lui il ne faisait aucun doute que la suffocation était le plus fâcheux symptôme de la matrice (*Hystericorum porro symptomatum gravissimus est ab utero strangulatus*). En effet, ces vapeurs produites par la corruption du sang menstruel ou de la semence enclos dans la matrice, gagnaient successivement les viscères abdominaux, le diaphragme, les poumons et le cœur, le gosier et le cerveau, provoquant nausées, vomissements, gargouillements abdominaux, respiration courte et fréquente, petites défaillances cardiaques, agitation, crainte et désespoir, sensation de mort imminente et surtout le *mal montant plus haut attaque le gosier & semble le fermer comme avec un lien, ou comme si on le pressait avec la main* (*Malum altius in fauces invadent eas quasi vinculo constringere, aut manu praecludere videtur*). L'atteinte du cerveau se traduisait par la fureur

[33] Galien, *Œuvres anatomiques, physiologiques et médicales ... par le Dr. Ch. Daremberg*, Paris, 1856, **2**, 691-692.

utérine avec caquet[34], colère, assoupissement profond proche de l'apoplexie, perte des sensations, du mouvement. La respiration faible, la malade donnait le spectacle d'une mort apparente. A la fin de l'accès, on constatait un écoulement vaginal, des bruits intestinaux, une sensation de froid de la tête, du dos et des membres supérieurs accompagné d'un engourdissement et d'une difficulté de mouvement *comme une espèce de paralysie* (*speciem quandam paralysis*)[35].

Charles Lepois (1563-1633) fut le premier à se détourner de l'origine utérine de l'hystérie dont il situait la cause dans le cerveau : *Itaque concludamus tot tantorumque symptomatum quae falso hysterica creduntur, parum justis de causis uterum, ventriculum, aut aliud ex visceribus accusari, sed eorum omnium unum caput esse parentem, idque non per sympathiam, sed per idiopathiam affectum male & perculsum eos motus universum corpus concuntientes ciere*[36] (Aussi croyons-nous inexacte d'attribuer les symptômes de l'hystérie à l'utérus, à l'estomac et d'incriminer tout autre viscère alors que le cerveau est seul en cause, non par sympathie, mais au contraire par une maladie idiopathique qui secoue, excite et trouble la totalité du corps).

Nathanael Highmore (1613-1685) plaçait l'origine des symptômes dans une surabondance de sang qui provoquait une stase pulmonaire qui entravait les mouvements respiratoires. Thomas Willis (1621-1675) écartait catégoriquement l'étiologie gynécologique de l'hystérie montrant que le cerveau et la moelle épinière étaient les seuls acteurs possibles de la crise hystérique convulsive. Thomas Sydenham (1624-1689) confondait dans le même cadre nosologique l'hystérie et l'hypocondrie, rejetant toute altération de la matrice à l'origine de la maladie, il affirmait qu'elle pouvait simuler toutes les pathologies : *cette maladie est un Prothée qui prend une infinité de formes différentes ; c'est un caméléon qui varie sans fin ses couleurs*[37]. Il l'attribuait d'une part aux passions de l'âme et au désordre des esprits animaux affaiblis qui produisaient les spasmes musculaires propres à l'affection. Il décrivait les convulsions horribles apparentées à

---

[34] Abondance de paroles inutiles (Furetière).

[35] Fernel, *Ioan. Fernelii ambiani Universa medicina ab ipso quidem authore ...*, Francfort, 1578, 231-232.

[36] Pison C., *Selectiorum observationum et consiliorum ...*, Amsterdam, 1733, 144.

[37] Sydenham, *Médecine pratique*, Paris, 1784, 399.

celles de l'épilepsie, l'état d'agitation maîtrisé avec peine par les assistants, les cris inarticulés, les coups que la malade se portait à elle-même. Le clou hystérique, cette douleur exquise ressentie en un point céphalique pouvait représenter la seule manifestation de l'hystérie, tout comme les palpitations, la toux et la gêne respiratoire, les douleurs abdominales, rénales, vésicales, les myalgies. Ces signes étaient précédés d'une sensation de froid. *La malade souffre dans l'ensemble de terribles angoisses, & désespère entièrement de la guérison. Cet abattement d'esprit & ce désespoir m'ont paru aussi inséparables de la maladie que la douleur cruelle ...*[38]. Trois recours thérapeutiques : la saignée, le quinquina et l'opium.

Pierre Pomme (1735-1812) réunissait dans le même cadre des affections vaporeuses, l'hystérie et l'hypocondrie, cette dernière n'étant pour lui que l'hystérie des hommes. Il énumérait les symptômes bien connus que sont, le clou hystérique, les céphalées pulsatiles, les acouphènes, la sensation de froid au sommet du crâne, les vertiges, les terreurs, les paniques, les tremblements de tout le corps, les douleurs, les engourdissements. Il décrivait, chez l'une de ses malades, l'abolition de la sensibilité : *elle était plongée dans un assoupissement léthargique si violent, qu'une épingle profondément enfoncée dans la chair était inaccessible à ses sens*[39] et une perte des facultés de l'œil, du nez, de la bouche et de la langue associée à une hémiplégie droite, la malade se servant de la main gauche pour peindre[40]. Les troubles du comportement étaient présents et associaient les pleurs, les rires, les cris. Le météorisme abdominal, le hoquet, les suffocations, la toux sèche parfois convulsive, les palpitations étaient fréquents. La boule hystérique était présente, animée d'un mouvement ascendant du bas-ventre vers la gorge, ondulation que l'auteur comparait à celle d'un serpent. Les malades éprouvaient également de fortes douleurs dorsales et des crampes aux membres inférieurs. Ces manifestations récidivaient souvent, en particulier le resserrement de la gorge, la dysphagie, l'aphonie, la suffocation et *une sorte de sommeil profond qui prive les malades de tous*

---

[38] Sydenham, *Op. cit.*, 396.
[39] Pomme P., *Traité des affections vaporeuses des deux sexes où l'on a tâché de joindre à une théorie solide une pratique sûre fondée sur des observations*, Paris, 1769, **1**, 55.
[40] Pomme P., *Op. cit.*, **1**, 57.

sentiments[41]. Les convulsions succédaient à la perte de connaissance, proches par leur violence de l'épilepsie mais pouvant durer plusieurs jours. La raideur du corps réalisait alors un aspect de mort apparente mais, fait étonnant, la victime de cet état était consciente de ce qui se passait autour d'elle et s'en souvenait à son réveil. La fin de l'accès hystérique était marquée par une grande fatigue, les malades soupiraient longuement, faisaient mille gestes ridicules, éclataient de rire, se plaignaient d'avoir la tête lourde et l'esprit confus. La prédominance des manifestations spasmodiques dans cette maladie montrait bien qu'il s'agissait d'une affection des nerfs et que les symptômes les plus manifestes atteignaient les parties les plus innervées comme l'estomac et les autres viscères, les méninges, le diaphragme, la vessie et tous les organes susceptibles d'être le siège de mouvements convulsifs traduisant les *mouvements désordonnés* des *esprits effarouchés*[42]. Les personnes les plus vulnérables étaient les citadines, élevées dans la mollesse, sédentaires, voluptueuses, romanesques, présentant des troubles menstruels, exposées parfois à l'adversité, et c'était au médecin de bien s'informer sur ce dernier point qui *aide souvent à dévoiler cette maladie & la rend quelquefois incurable*[43]. Mais les hommes n'étaient pas à l'abri de l'hystérie, tout particulièrement les solitaires, les studieux, les méditatifs, les mélancoliques. Les gens de lettres partageaient donc ce risque avec les jeunes débauchés. La bonne chère, les boissons alcoolisées, le café, le chocolat, le tabac, les nuits blanches produisant les mêmes effets que les insomnies suscitées par une activité intellectuelle effrénée. La thérapeutique avait pour objectif de rendre aux nerfs la souplesse qu'ils avaient perdue par évaporation des fluides qui les imprégnaient normalement. Les humectants étaient recommandés au premier rang desquels les bains, les pédiluves, les lavements rafraîchissants, le bouillon de veau ou de poulet, le petit-lait, les potions huileuses ou mucilagineuses, les eaux minérales de Vals ou de Forges. Ces thérapeutiques étaient indiquées entre les exacerbations de la maladie. Au moment des accès, lorsque se déchaînaient les paroxysmes effrayants de la passion hystérique avec les suffocations, les syn-

[41] Pomme P., *Op. cit.*, **1**, 5.
[42] Pomme P., *Op. cit.*, **1**, 13.
[43] Pomme P., *Op. cit.*, **1**, 15.

copes, les cardialgies, les convulsions, les violentes coliques et les vomissements, les médications les moins agressives étaient indiquées : lavements ou bains de pieds d'eau froide, saignée au pied. On faisait prendre au malade des bouillons de poulet, d'orge, de riz.

Philippe Pinel (1745-1826) qui fut un novateur pragmatique en matière de maladies mentales, se gardait bien de donner une définition de cette névrose. Il situait néanmoins l'origine de la maladie dans l'utérus et il eut lui aussi son Anna O. En effet, il citait le cas d'*une jeune personne d'un teint brun, d'une constitution forte et saine*[44] qui, soudainement, adopta une conduite extravagante, soliloquant, sautant, déchirant ses vêtements avant de les brûler. Après trois mois d'aménorrhée, ses règles réapparurent et tout sembla rentrer dans l'ordre. Malheureusement après un nouvel arrêt des menstrues de trois mois, un désintérêt pour toute activité, des crises de larmes immotivées, une mine attristée et une attitude taciturne apparurent des symptômes plus alarmants : aphonie, rougeur du visage, sentiment de strangulation, hypersalivation, contraction invincible des masséters, roideur tétanique de tout le corps, pouls imprenable, respiration lente et régulière, constipation, urines claires. Ces manifestations disparurent au bout de quatre jours et la malade, jusque-là anorexique, se jeta soudain sur la nourriture avec voracité. Des épisodes identiques eurent lieu, séparés par des phase de répit de sept à douze jours. Pinel prescrivit des bains de pieds, des lavements d'assa fetida sans succès. Finalement il guérit sa jeune patiente en lui recommandant de faire des promenades en calèche dans la campagne et en lui conseillant le mariage. Les confidences sur l'oreiller valant peut-être mieux que celles sur le divan ... Quelles étaient les causes qui prédisposaient et occasionnaient l'hystérie ? *Une grande sensibilité physique et morale, l'abus des plaisirs vénériens, des émotions vives et fréquentes, des conversations et des lectures voluptueuses ; la privation des plaisirs de l'amour après en avoir longtemps joui, la suppression des menstrues, de la leucorrhée, des lochies, etc*[45]. Les manifestations de la maladie obéissaient toujours au même déroulement : début inopiné ou bien annoncé par des bâillements, des pleurs ou des

[44] Pinel Philippe, *Nosographie philosophique*, Paris, 1807, **3**, 280.
[45] Pinel Philippe, *Op. cit.*, **3**, 280.

rires immotivés, une pâleur ou une rougeur du visage. Survenaient ensuite, dans la plupart des cas, des manifestations classées par Pinel en trois degrés. Le premier était caractérisé par une sensation de boule qui, partie de l'utérus, se portait ensuite à l'estomac pour bientôt gagner le cou, qui gênait la respiration et répandait sur son passage un sentiment de chaleur intense ou de froid glacial. L'abdomen et la poitrine étaient tendus et gonflés. Les extrémités étaient glaciales. Le second degré associait les signes du premier, mais accentués, à des suffocations, à une obnubilation, parfois à une perte de connaissance, avec des mouvements convulsifs des membres, du tronc et de la tête. Le troisième et dernier degré était marqué par une suspension presque totale de la circulation et de la respiration, par une atténuation de la chaleur animale, une pâleur, une insensibilité, une immobilité, un aspect de mort apparente pouvant entraîner *une inhumation trop précipitée*[46], éventualité évoquée par la plupart des auteurs contemporains de Pinel. Son traitement était traditionnel : lavements d'asa foetida[47], fomentations de vinaigre sur l'épigastre, irritants externes, surtout pour le troisième degré, lorsque la vie était en danger. La prévention reposait sur un régime roboratif, une vie active, de l'exercice dans une atmosphère sèche et chaude. Il fallait veiller au retour des menstruations interrompues et avoir recours au mariage comme ultime remède.

Jean-Baptiste de Louyer-Villermay (1775-1837) définissait l'hystérie en 1818 comme une *vésanie appartenant à la classe des névroses et spécifique à la femme, proche de l'hypocondrie, de la nymphomanie et de l'érotomanie, appartenant aux maladies vaporeuses, dont l'utérus était le siège*[48]. L'auteur donnait un tableau de l'attaque hystérique proche de celui tracé par Charcot un demi-siècle plus tard : les prodromes d'abord caractérisés par une pâleur ou une rougeur du visage, des bâillements, des tiraillements dans les membres, un sentiment de malaise diffus et une sensation de spasme utérin. Suivaient souvent trois périodes ou plutôt trois degrés de symptômes qui se succédaient. Au cours du premier degré, la malade éprouvait *le sentiment d'une boule*

[46] Pinel Philippe, *Op. cit.*, **3**, 284.

[47] L'*Asa foetida* était une gomme résine extraite du rhizome de fenouils géants originaires des Indes ou de l'Iran. On la considérait comme un puissant antispasmodique.

[48] Panckoucke, *Dictionnaire des sciences médicales par une société de médecins et de chirurgiens,* Paris, 1818, **23**, 227-228.

ou d'un globe qui, de l'hypogastre, s'élève par oscillation, au travers de l'abdomen et du thorax jusqu'au cou, où il survient une constriction un étranglement qui fait à quelques malades craindre la suffocation[49]. Une sensation de froid intense ou de chaleur vive, une tension abdominale, une constriction thoracique et des douleurs térébrantes, le clou hystérique, accompagnaient ce que les Anciens appelaient l'ascension de la matrice et que Louyer-Villermay interprétait comme un spasme du pneumogastrique et du splanchnique. Le cou, la poitrine et l'abdomen étaient distendus. Le visage blanchissait et rougissait successivement. Le froid gagnait les extrémités. Des palpitations pouvaient apparaître. Le pouls était petit, irrégulier. Puis apparaissaient des convulsions des membres, un trismus. Le deuxième degré était le plus spectaculaire avec une perte partielle *des sens et de l'entendement* (Charcot parlera de troubles sensoriels et psychiques), un état syncopal rarement total, un resserrement de l'abdomen, des palpitations, un gonflement de la poitrine, du cou et du visage qui devenaient violacés ou livides. La contraction des mâchoires pouvait rendre la déglutition difficile, la salive était abondante, l'écume montait aux lèvres. La contraction laryngée rendait la respiration pénible et faisait suffoquer la malade. Louyer-Villermay décrivait ces mouvements convulsifs si bien analysés par Charcot : convulsions variées des membres, du tronc, de la tête, opisthotonos[50] ou emprosthotonos[51]. Il nous offrait un tableau de la maladie que l'on croirait tirée des leçons du mardi de la Salpêtrière : *Les malades se frappent la poitrine, se tordent les bras ou se mordent les mains. Dans leur rage innocente elles cherchent à déchirer avec leurs dents, tout ce qu'elles peuvent saisir ; et ne s'épargnant pas elles-mêmes, elles se font parfois d'assez fortes blessures à la langue, aux mains*[52]. D'autres manifestations accompagnaient ces accidents convulsifs, tels les bâillements, les grincements de dents, les grimaces, les cris, les rires ou les pleurs, les douleurs abdominales ou céphaliques, ces fameux *clous hystériques*, ainsi nommés en raison de leur localisation crânienne précise et limitée, de leur action

[49] Panckouke, *Op. cit.*, 238.

[50] Contracture du corps avec renversement du corps et de la tête en arrière et extension des membres.

[51] Repliement du corps sur lui-même et en avant.

[52] Panckouke, *Op. cit.*, 240.

ponctuelle et térébrante. Certaines malades perdaient l'ouie et la voix, mais s'exprimaient soit de manière sensée soit de façon déraisonnable. D'autres voyaient des fantômes. Beaucoup se plaignaient de douleurs utérines, de troubles urinaires. L'accès se terminait par des pandiculations[53], des borborygmes, une sécrétion vaginale et une polyurie. La malade se souvenait le plus souvent de ce qui s'était passé pendant la crise. Elle était fatiguée, souffrait de la tête, se plaignait d'un malaise général qui persistait quelques jours. Le troisième et dernier degré présentait une aggravation des manifestations respiratoires et circulatoires aboutissant à une sorte de collapsus que l'auteur qualifiait d'apoplexie hystérique. Les malades étaient alors dans un état de mort apparente. Si Louyer-Villermé, à l'encontre de Charcot, ne parlait pas d'un quatrième degré, il signalait néanmoins que le troisième stade de l'accès se poursuivait parfois par une accentuation des phénomènes convulsifs et de l'exaltation mentale ou du délire, et pouvait s'accompagner d'une syncope. Le traitement comportait les moyens moraux, hygiéniques et médicamenteux. Tout d'abord, le médecin devait connaître son malade : âge, caractère, constitution, statut social et familial, problèmes affectifs. Pour ces derniers, il devait se faire l'intermédiaire entre sa jeune malade aux amours contrariées et les parents qui mettaient un obstacle à la réalisation de ses aspirations matrimoniales. Il devait recommander une vie active, la danse, les travaux ménagers, l'exercice. Les concerts, les bals, les spectacles, les réunions en société convenaient aux jeunes personnes sensibles et un peu mélancoliques. En revanche, les adolescentes, au tempérament ardent et à l'imagination exaltée, étaient invitées à voyager ne serait-ce que pour oublier un attachement amoureux contrarié. En général, on prescrivait les bains de pieds ou de siège, les infusions de tilleul, de menthe ou d'armoise. La saignée était réservée aux sujets pléthoriques. Les toniques, comme les infusions aromatiques, le quinquina, l'absinthe, la gentiane, le fer, la thériaque, les bains sulfureux, les étincelles électriques, allaient aux malades atones. Si l'arrêt des règles était la cause de l'hystérie, il fallait saigner au pied, appliquer des sangsues à la vulve. L'accès justifiait la prescription simultanée d'antispasmodiques ou de

[53] Etirement des membres accompagné d'un bâillement.

narcotiques comme la liqueur d'Hoffmann[54], le sirop d'éther[55], le musc[56], l'asa foetida[57], le castoreum[58], les opiacés comme l'opium gommeux[59], le sirop diacode[60], le laudanum[61], les gouttes de Rousseau[62]. On recommandait aussi les eaux minérales de Vichy, de Spa, de Bourbonne, de Plombières, l'action bénéfique de la cure elle-même se conjuguant à celle du dépaysement occasionné par le voyage. On peut se demander combien de ces malades devenaient toxicomanes ...

Achille Foville (1799-1878) considérait l'hystérie comme une maladie utérine dont les troubles avaient une répercussion cérébrale. Il écrivait, en 1833 : ... *cette opinion qui place dans l'utérus le siège primitif de l'hystérie, n'implique pas une absurdité ; elle n'implique pas que l'utérus soit le siège des convulsions générales. Les convulsions résultent immédiatement d'une influence spéciale de l'encéphale ; mais cette influence est elle-même déterminée par l'action de l'utérus sur lui*[63]. Sa description de la crise hystérique, pour être moins codifiée que celle de Louyer-Villermé, n'en décrivait pas moins les mêmes variétés de symptômes et distinguait trois phases. La première comprenait des troubles viscéraux thoraciques et abdominaux touchant la sensibilité, la contractilité et les fonctions de ces organes, accompagnés d'un gonflement du cou et d'une pénible impression de tension. La seconde se manifestait surtout au niveau de la motricité volontaire par des mouvements convulsifs généraux. Ces

---

[54] La liqueur d'Hoffmann était constituée d'éther sulfurique, d'alcool et d'huile douce de vin (sulfate neutre d'éther).

[55] Ether sulfurique 30, sirop simple incolore 500.

[56] Musc : sécrétion d'une glande de l'abdomen d'un chevrotin d'Extrême-Orient.

[57] *Asa foetida* : gomme résine extraite du rhizome de fenouils géants originaires des Indes ou de l'Iran.

[58] Castoreum : Sécrétion huileuse produite par une glande proche de l'anus chez le castor.

[59] L'opium gommeux ou extrait aqueux d'opium ou extrait thébaïque résultait de malaxages et d'expressions successives de tranches d'opium imbibées d'eau distillée froide, le décantage puis l'évaporation au bain marie des liquides obtenus aboutissant à un extrait qui était lui-même dilué dans de l'eau, passé puis évaporé pour donner enfin le produit définitif.

[60] Le sirop de diacode ou de pavots simple était obtenu par macération de têtes de pavot dans de l'eau bouillante.

[61] Appelé aussi vin d'opium composé, le laudanum de Sydenham contenait de l'opium, de la cannelle, du safran, du girofle, macérés dans du vin de grenache.

[62] Les gouttes de Rousseau ou hydromel de Rousseau étaient constituées d'un mélange d'opium, de miel, de levure de bière et d'eau chaude.

[63] Féré A., article *Hystérie* du Dictionnaire en 15 volumes, Paris, 1833, **10**, 288.

manifestations pouvaient être isolées ou associées à des degrés divers. On voyait ainsi la malade tomber en poussant des cris. Ses membres étaient animés de mouvements d'extension et de flexion alternatifs. Elle s'asseyait brusquement puis, avec la même brutalité, se rejetait en arrière. Toute sa musculature était parcourue de secousses convulsives. Il fallait plusieurs personnes pour la maîtriser, sinon elle se redressait, tombait, bondissait, frappait des pieds et des mains avec une rapidité et une force incroyables. Les yeux étaient clos, les paupières agitées de mouvements qui les resserraient ou les relâchaient à la surface du globe oculaire, les narines étaient largement ouvertes. Les joues étaient animées de mimiques accompagnant les cris et la respiration était forcée, *profonde, bruyante et en même temps laborieuse*[64]. Les battements du cœur étaient violents et rapides. La tête était en hyperextension, la face, vultueuse. Cette agitation était bientôt suivie d'un répit au cours duquel la malade, haletante, tremblante de la tête aux pieds, restait allongée, agitée de soubresauts au moindre bruit, à la moindre stimulation. D'autres fois au contraire, immobile, l'œil fixe, insensible aux excitations extérieures, la malade offrait pendant les rémissions de ses attaques, un état singulier d'extase ou de somnambulisme. Parfois, les seules manifestations étaient une chute brutale, avec perte de connaissance, un gonflement du cou, une respiration suspendue, des mouvements du pelvis, une attitude en opisthotonos, des pleurs spasmodiques suivis d'une intense fatigue, de frissons, de pollakiurie. Une autre forme se traduisait par des douleurs pelviennes, des tensions et des chaleurs du petit bassin que Féré interprétait comme un orgasme. Puis venaient la constriction laryngée, la déglutition difficile, le sentiment d'avoir une boule hypogastrique qui remontait à l'estomac et provoquait un sentiment de suffocation. L'abdomen était ballonné, gargouillant, la polypnée et la tachycardie étaient fréquentes, l'abattement moral à son maximum. Les membres présentaient parfois quelques mouvements nerveux. C'était ce que Charcot devait décrire comme l'*hysteria minor*. La durée de ces crises était d'une heure à quarante-cinq jours. Aucune originalité dans le traitement : éther, eau froide, saignée au moment de la crise, lavements d'eau

---

[64] Féré A., *Op. cit.*, **10**, 278-279.

froide, d'asa foetida, de térébenthine, emploi de la camisole ; dans l'intervalle les lavements d'eau froide, jusqu'à zéro degré, la glace sur la tête et les bains étaient recommandés. Les jeunes filles hystériques devaient pratiquer le footing, l'équitation, la natation, les bains de mer, les eaux, les voyages, *suivant la saison et la fortune des malades*[65]. L'unanimité se faisait sur l'efficacité du mariage pour guérir l'hystérie, à l'exception de Georget pour lequel un trouble fonctionnel du cerveau était la cause de l'hystérie.

Pour Frédéric Dubois, Dubois d'Amiens (1799-1873), l'hystérie était exclusive au sexe féminin. Il la séparait nettement de l'hypocondrie qui, commune aux deux sexes, s'installait progressivement, se traduisait par la scrutation obsessionnelle des moindres symptômes inhabituels et l'observance scrupuleuse de règles de vie codifiées à l'extrême, par la lecture d'ouvrages médicaux ou la multiplication des consultations, alors que l'hystérie, uniquement féminine, apparaissait sous forme d'attaques inopinées, souvent précédées d'un choc affectif, dont les prodromes étaient une gaieté ou une tristesse injustifiée, des pleurs des rires immotivés, des contractures des membres, des spasmes abdominaux, des serrements de la gorge. Il distinguait deux degrés dans la maladie. Le premier comprenait des pesanteurs et un engourdissement dans les membres, une constriction ascendante, un ballonnement du ventre qui paraissait contenir un globe, des palpitations, une dyspnée, un besoin de respirer, une sensation de constriction thoracique, l'impression d'un corps étranger laryngé, un gonflement du cou, une douleur fixe d'une partie de la tête, le fameux *clavus hystericus*, la contracture des muscles locomoteurs, les contorsions. Le second degré, plus spectaculaire, déterminait des cris, des syncopes, une congestion du visage et du cou, des contractions musculaires, d'effroyables convulsions difficiles à maîtriser par l'entourage, des grands mouvements d'extension et de flexion, une salivation mousseuse, des suffocations. Les malades tantôt sautaient de leur lit, tantôt se tétanisaient. Elles présentaient des syncopes prolongées ou perdaient conscience brièvement[66]. Pour lui, le traitement était avant tout

[65] Féré A., *Op. cit.*, **10**, 293.

[66] Dubois F., *Histoire philosophique de l'hypocondrie et de l'hystérie*, Paris, 1837, 291-292.

moral et le médecin devait s'appliquer à persuader son malade de la validité de ses méthodes thérapeutiques : mieux valait un médecin aguerri prescrivant des anodins qu'un praticien inexpérimenté maniant des médicaments violents. Comme le rappelait Dubois, l'hystérie pour Montanus (1498-1551), provenait de trois causes, la putridité des humeurs accumulées dans la matrice, la pléthore et, souvent, les blessures de l'âme que seules les paroles du médecin pouvaient panser en agissant sur l'imagination de son patient[67].

En 1846, Marc-Hector Landouzy (1812-1864) publiait son *Traité complet de l'hystérie* bientôt couronné par l'Académie de Médecine. Il définissait cette maladie comme *une névrose de l'appareil générateur de la femme, revenant par accès apyrétiques, et offrant pour symptômes principaux un sentiment pénible de strangulation, la sensation d'une boule qui remonte de l'hypogastre ou de l'épigastre à la gorge, et, souvent, des convulsions accompagnées ou non de troubles sensoriaux ou intellectuels*[68]. Il admettait l'existence de signes précurseurs constants mais différents selon qu'il s'agissait de l'invasion première de la maladie ou des prodromes d'accès habituels. Dans le premier cas, on remarquait des troubles du caractère, des insomnies, des cauchemars, des rires ou des pleurs immotivés, des fourmillements, la bougeotte, une sensation de froid ou de chaleur excessive, une faible constriction à la gorge, à l'épigastre, au thorax. Dans le second cas, celui qui précédait les accès, les manifestations étaient plus accentuées, plus brèves, plus inopinées. C'étaient essentiellement des céphalées, des éblouissements, des mouvements incontrôlés des globes oculaires et des paupières, des troubles de la vision, des acouphènes, des rires, des pleurs, des paroles incohérentes, des sueurs profuses, des palpitations, des douleurs des membres et, parfois, des spasmes ou des convulsions. La crise elle-même survenait de quelques secondes à quelques jours après l'apparition de ces prodromes. Landouzy ne décrivait pas les trois degrés de l'accès observés par Louyer-Villermé. Il estimait leur durée à quinze ou trente minutes. Il ne croyait guère à l'hystérie masculine qu'il pensait liée soit à un affaiblissement ou à une maladie organique des organes génitaux,

[67] Dubois F., *Op. cit*, 509.
[68] Landouzy Marc Hector, *Traité complet de l'hystérie*, Paris, 1846, 16.

soit au satyriasis. Il soulignait l'exacerbation des symptômes neurologiques conséquence d'une sensibilité spéciale qui était l'une des causes les plus fréquentes de l'hystérie, théorie reprise par Charcot, à la Salpêtrière. Dans le traitement, il faisait une brève allusion aux effets du magnétisme animal. Il s'inquiétait surtout, et le problème devait rester d'actualité, de *l'intimité profonde qui doit s'établir entre le magnétiseur et la magnétisée*[69], ce contact entre deux psychés, prélude éventuel à une relation plus charnelle, promiscuité à laquelle Charcot s'était toujours refusé et qui devait effaroucher le prude Viennois, lui faisant choisir l'extravagant *colloque singulier* entre un divan arbitrairement occupé et une chaise subtilement vide.

Piorry, dont Charcot fut l'interne, avait décidé de créer une nouvelle nomenclature médicale[70]. L'hystérie était donc devenue la *névraxopallie étiangiovique.* La *nevraxopallie* désignait les oscillations pathologiques de l'axe nerveux et *étiangiovique* signifiait qu'il avait son origine dans l'appareil génital féminin, l'*angiove.* Il voyait dans ce que les vieux auteurs appelaient la suffocation utérine non pas une affection particulière mais l'assemblage d'une multitude de maladies du système nerveux chez des femmes prédisposées. Piorry en rejetait l'existence des trois accès bien individualisés par Louyer-Villermay, *qui ne sont pas applicables au lit du malade*[71]. Il décrivait néanmoins l'aura hystérique avec l'apparition de la boule suffocante, les névralgies, les anomalies de la sensibilité, les syncopes, les troubles du rythme cardiaque, les pandiculations, les troubles de la conscience ou du comportement, puis les phases de contractions musculaires. Il percutait les muscles contracturés qui, selon lui, donnaient *un son très sec par le plessimétrisme*[72]. A propos de la diminution, de l'exacerbation ou de la perversion des activités sensitives et motrices des nerfs, qu'il désignait sous le nom d'*anervismie*, il rappelait qu'il avait observé, dès 1835, chez des femmes hystériques, des hyperesthésies ou des anesthésies au niveau de territoires cutanés plus ou moins importants dont il repérait l'étendue et évaluait l'évolution en marquant la peau avec un

---

[69] Landouzy Marc Hector, *Op. cit*, 303.

[70] Piorry P.A., *Traité de médecine pratique et de pathologie iatrique ou médicale*, Paris, 1850,**7**, 375.

[71] Piorry P.A., *Op. cit.*, **7**, 381.

[72] Piorry P.A., *Op. cit.*, **7**, 379.

crayon dermographique. Il affirmait n'avoir jamais constaté d'hémiplégie chez ses *névrangioviques* (hystériques), ce qui confirmait à ses yeux que les hémisphères cérébraux ou cérébelleux n'étaient guère impliqués dans cette névrose[73]. Il soulignait l'exagération des perceptions chez ces malades qui devenaient facilement les *principaux acteurs dans les miracles magnétiques* et des *somnambules par excellence,* et leur *insuffisance de volonté alors qu'il s'agit de dominer leurs pensées ou leurs actions*[74]. Il situait l'origine de la maladie à la fois au niveau de l'innervation de l'utérus et à celui de l'ensemble du système nerveux qui devenait le siège de ces oscillations qui parcouraient les nerfs sensitifs, moteurs et neurovégétatifs[75]. Le traitement préventif avait pour objectif d'entraver la progression de l'aura au niveau du névraxe. L'auteur préconisait la potion suivante : quinine 1g, alcool 6 g, teinture de cannelle 5 g, sirop de vanille 25 g, 1 cuillérée à café ou à soupe par jour. Mais on employait également le sel marin dans la bouche, les frictions éthérées ou camphrées, l'opium, l'inhalation d'éther voire de chloroforme. Une fois l'accès installé, il était bien difficile d'entraver sa progression. Il fallait disposer autour du malade des matelas et des coussins qui lui évitaient de se faire mal, on lui prodiguait des gestes et des paroles pleines d'égard pour ses tourments, comme on le faisait vis-à-vis d'un délire. On ne devait pas se livrer à *des manœuvres, à des attouchements dont le moindre inconvénient est d'être le plus souvent inutile*[76]. La quinine était bénéfique dans le traitement des contractures. Quant à la paralysie, elle se dissipait le plus souvent spontanément. A ce propos Piorry rapportait l'observation d'une malade guérie par des passes magnétiques : *Assez récemment, une femme paralysée depuis un mois à la suite d'une attaque d'hystérie : soit de la vessie et des gros intestins qui se distendaient par des gaz ; soit des membres inférieurs, fut soumise dans notre service à des passes magnétiques. L'élève qui se chargea de cette opération était un jeune homme zélé et studieux, et sur l'honnêteté duquel je pouvais entièrement compter. Or il est certain qu'à chaque séance magnétique, cette*

---

[73]Piorry P.A., *Op. cit.*, **8**, 169-170.
[74] Piorry P.A., *Op. cit.*, **7**, 382.
[75] Piorry P.A., *Op. cit.*, **7**, 390-391.
[76] Piorry P.A., *Op. cit.*, **7**, 397.

femme récupéra une partie du mouvement, et elle nous affirma que l'espace occupé par l'anesthésie de la peau diminuait à chaque fois d'étendue. La malade guérit complètement en quelques semaines. Certes nous n'admettons pas que ce soit un prétendu fluide qui ait fait ici dissiper les accidents ; mais nous pensons que la modification physique et intellectuelle qui, chez la femme dont il s'agit, a été la conséquence des manœuvres dites magnétiques exercées par un homme jeune et fort bien de sa personne, a été la cause réelle du succès obtenu[77].

Nommé à la Charité en 1846, Paul Briquet (1796-1881) avait hérité, un peu comme Charcot devait le faire vingt ans plus tard, d'un service qui accueillait les hystériques. Malgré ses réticences à s'occuper d'une maladie *gouvernée par aucune loi, par aucune règle*, il se résigne *et se met à l'œuvre*[78]. De cette expérience, il devait tirer le *Traité clinique et thérapeutique de l'hystérie* dans lequel il développait l'idée innovante selon laquelle l'hystérie était une névrose de la portion de l'encéphale destinée à recevoir les impressions affectives et les sensations. Et par là même il réhabilitait l'hystérie et les hystériques. Il mettait l'accent sur leur souffrance, et sur cette disposition qui leur était propre définie par *les mots de mobilité, susceptibilité et faiblesse nerveuse*[79]. Son travail reposait sur 430 observations réparties sur dix années. Briquet prenait en considération deux ordres de causes à cette névrose : les causes prédisposantes (sexe, âge, santé des parents, physique et moral, climat, milieu social, lieu et mode d'éducation, habitudes alimentaires, profession, passions, continence, cycle menstruel, antécédents pathologiques gynécologiques, état de santé à l'apparition de la maladie), et les causes déclenchantes (affections de l'âme, essentiellement les amours contrariées, l'audition de sons forts, la respiration de certaines odeurs, *l'usage des aliments de haut goût*[80], les vêtements trop serrés, la musique et les spectacles émouvants, certaines maladies notamment gynécologiques). Les symptômes étaient variables, mais Briquet en énumérait quelques-uns constamment retrouvés : l'extrême émotivité, les douleurs de l'épigastre, de la partie gau-

---

[77] Piorry P.A., *Op. cit.*, **7**, 397-398.
[78] Briquet P., *Traité clinique et thérapeutique de l'hystérie* Paris, 1859, V.
[79] Briquet P., *Op. cit.*, 4.
[80] Briquet P., *Op. cit.*, 164.

che de la cage thoracique et de la gouttière vertébrale gauche. D'autres manifestations étaient fréquentes mais moins retrouvées : hyperesthésies ou anesthésies, contractures, convulsions, paralysies. D'autres étaient plus rares, comme le délire, la léthargie, la catalepsie, l'extase, le somnambulisme. Suivait l'énumération de ces divers phénomènes dont les seuls premiers avaient un ordre d'apparition régulier, que Briquet répartissait en huit classes : les hyperesthésies, les anesthésies, les perversions de la sensibilité, les spasmes et les attaques de spasmes, de convulsions, de catalepsie, de somnambulisme, d'extase, de coma, de léthargie et de syncope, les perversions de la contractilité et, en dernier lieu, les modifications d'exhalation et de sécrétion[81]. On retiendra sa description de la crise que Charcot ne devait pas désavouer : *Le plus ordinairement les malades s'agitent, tantôt comme si elles voulaient échapper à des violences, tantôt comme si elles se débattaient contre une étreinte ; d'autres fois, comme le ferait un opéré auquel on laisserait la liberté de ses mouvements, ou, enfin, comme une personne qui se livrerait à l'impatience, au mécontentement, à la fureur, au désespoir. D'autres fois encore les membres supérieurs ou inférieurs se meuvent dans tous les sens ; la flexion, l'extension, la rotation, l'adduction, l'abduction, se succèdent avec la plus grande rapidité. Tantôt le corps se meut comme un ver, tantôt il se contracte dans tous les sens, bondit et s'échappe souvent des mains qui le retiennent. La tête s'agite sur le tronc, en avant, en arrière, de côté, mais très rarement les muscles de la face éprouvent-ils de ces convulsions qui tordent la bouche, qui font rouler les yeux dans leurs orbites et les portent en dedans ou en dehors*[82]. Briquet était fermement convaincu que les accidents liés à cette névrose n'étaient que des manifestations passionnelles dépendant d'une susceptibilité spéciale. Il considérait comme une notion acquise l'existence dans l'axe céphalo-rachidien des récepteurs voués au recueil des impressions affectives venant de l'environnement ou de l'intérieur de l'organisme, sources de plaisir ou de douleurs psychiques ou physiques. Il pensait que *le degré de susceptibilité de cette portion de l'encéphale est à peu près indépendant des degrés plus ou moins élevés de*

[81] Briquet P., *Op. cit.*, 204-205.
[82] Briquet P., *Op. cit.*, 360-361.

l'intelligence. Phrase très importante car elle impliquait que Briquet avait pressenti l'existence d'un processus neurophysiologique qui se déroulait hors du contrôle du néo-cortex, et que cela se voyait souvent chez la femme, plus sensible affectivement et donc plus vulnérable à une traduction passionnelle de la douleur ou du plaisir sous l'action des modificateurs du comportement, que Charcot devait appeler les agents provocateurs. Briquet croyait que chaque sensation, chaque passion, se traduisait en signes extérieurs qui lui étaient spécifiques. Il précisait bien que c'était le cerveau qui ciblait l'organe au niveau duquel se manifestaient les symptômes névrotiques et que cet organe n'était pas la cause de la maladie[83].

En 1869, Jacques Joseph Moreau de Tours (1804-1884), élève d'Esquirol, médecin à la Salpêtrière, publiait un volume consacré à l'hystérie qu'il appelait *folie névropathique*. Il la définissait comme un désordre général ou partiel des fonctions cérébrales intellectuelles et affectives dont la cause devait immanquablement avoir son origine dans une atteinte de l'organe où siégeaient ces mêmes fonctions. Il ébauchait une explication physiopathologique de la maladie en l'attribuant à un déséquilibre entre les facultés intellectuelles proprement dites comme la volonté, la conscience, et les facultés dites inférieures ou de second ordre qui se rapprochaient le plus de celles des animaux chez lesquels elles étaient prédominantes, comme les instincts, les passions, les désirs, le vouloir[84]. Il insistait sur l'absolue nécessité de lésions matérielles permettant de relier tel ou tel désordre à tel ou tel changement d'état de la substance cérébrale, appuyant son raisonnement sur les effets du haschich qui provoquait un délire dont l'origine était un fait psycho-organique initial toujours identique : *Morales ou physiques, les causes de la folie ne peuvent avoir deux modes d'action différents : la lésion psychique une fois produite, légère ou profonde, partielle ou générale, l'organe de la pensée a subi* ***histologiquement*** *une modification qui nécessairement a changé son mode de fonctionnement, modification toute matérielle qui ne saurait disparaître que*

---

[83] Briquet P., *Op. cit.*, 600-603.

[84] Moreau de Tours Jacques Joseph, *Traité pratique de la folie névropathique (vulgo hystérique)*, Paris, 1869, 192.

par l'emploi de moyens également matériels[85]. L'origine de ces troubles la plus fréquemment retrouvée était une impression morale vive, une émotion pénible, une dissension domestique, un penchant contrarié, un désir inassouvi. Le domaine affectif était le plus souvent concerné chez ces sujets hyperémotifs, enclins à l'érotisation, et qui souffraient d'une sensibilité à fleur de peau. L'intellect était plutôt épargné, mais trahissait chez eux une tendance à la futilité. La parenté entre le somnambulisme et le délire lui paraissait évidente, de même que la ressemblance avec les accès de démence dus à l'alcool, à l'éther ou au chloroforme. L'hystérie était la folie théâtrale qui s'éloignait le moins de l'état de raison. Les observations recueillies par Moreau, personnelles pour la plupart, décrivaient les symptômes retrouvés dans toutes les études consacrées à la maladie depuis des siècles. Certes, il ne sériait pas les phases de l'accès hystérique comme devait le faire Charcot. Néanmoins on retrouvait chez ses malades les mêmes crises de larmes ou de rire immotivées, les mêmes sensations d'étouffement, de boule ascendante ou de strangulation. Il décrivait également les contorsions, les contractures, les troubles de la sensibilité, les hallucinations auditives ou visuelles, les zoopsies particulièrement, les attitudes agressives, les états stuporeux ou extatiques, les points névralgiques abdominaux. En général, la crise survenait brutalement, sans prodromes, sinon quelques brefs symptômes prémonitoires, et se caractérisait essentiellement par un délire entrecoupé d'épisodes de lucidité. Plus ces périodes de répit étaient prolongées et plus l'accès suivant était intense. Peu à peu les périodes confusionnelles s'espaçaient pour disparaître totalement et laisser place à un état normal. Mais le rétablissement n'était qu'apparent et les récidives fréquentes, particulièrement lorsqu'on n'avait pas éliminé *les conditions d'hygiène physiques et morales*[86] qui étaient responsables de la névrose. La fin de la crise survenait comme un réveil. Le malade donnait le sentiment d'émerger d'un profond sommeil. Moreau comptait vingt-cinq malades guéris sur un effectif total de cinquante et un, mais il soulignait le rôle déterminant des conditions d'existence des patients : *Les guérisons sont bien autrement stables quand il s'agit de personnes appartenant aux classes ri-*

[85] Moreau de Tours J. J., *Traité pratique de la folie névropathique* ..., 162.
[86] Moreau de Tours J. J., *Traité pratique de la folie névropathique* ..., 175.

ches ou simplement aisées de la société, que de pauvres femmes, dépourvues de ressources, sans appuis, et fatalement condamnées, en sortant de l'asile, à retomber sous l'action des mêmes causes qui les ont rendues malades[87]. Les deux piliers du traitement étaient le bromure de potassium et les douches vertébrales. Moreau rappelait que le médecin était essentiellement le médecin du corps et non de l'âme, ce dernier rôle étant réservé aux philosophes, aux métaphysiciens et aux théologiens. Selon lui, quand on s'occupait de l'hystérie, dont *les causes déterminantes sont le plus ordinairement d'ordre moral (impressions brusques, terreurs subites, chagrins, etc.), et dont, par conséquent, on est disposé à chercher l'explication dans le seul dynamisme mental, c'est-à-dire dans des combinaisons plus ou moins fantaisistes tirées de la seule activité de « l'esprit » et le redressement dans des moyens exclusivement moraux,* il fallait se garder de céder à la tentation ontologique. Cette profession de foi d'un médecin de la Salpêtrière explique l'attitude de Charcot vis-à-vis de la *grande simulatrice* quelques années plus tard, dans le même hôpital et traduit une sorte de continuité.

A l'époque de Briquet comme à celle Charcot, l'hérédité jouait un rôle important dans le déterminisme des maladies. On la définissait comme la *condition organique d'après laquelle les ascendants transmettent certaines particularités physiques ou morales de leur être à leurs descendants.* On en décrivait quatre types : celle, directe, où la ressemblance avait lieu avec le père ou la mère ; celle, indirecte, qui se manifestait avec les collatéraux des deux lignées ; celle, qualifiée d'influence, quand les traits d'un conjoint décédé réapparaissaient chez les enfants d'un second mariage, enfin une hérédité en retour où la transmission s'effectuait par-dessus plusieurs générations. Ainsi, on croyait à l'atavisme qui expliquait la ressemblance entre des enfants et leurs ancêtres éloignés, un caractère d'un certain type qui s'était momentanément effacé dans une famille y réapparaissant tardivement. La transmission des caractères s'effectuait selon deux principes : d'une part une loi d'hérédité qui voulait que la nature s'imitât et, d'autre part, une loi d'innéité au nom de laquelle, elle innovait. L'influence de Darwin était ici décisive et personne ne

[87] Moreau de Tours J. J., *Traité pratique de la folie névropathique* ..., 179.

contestait la sélection naturelle qui assurait la survie du plus apte, autrement dit de celui qui s'adaptait le mieux à son environnement[88]. L'hérédité morbide était admise de longue date et l'on avait identifié des lignées dans lesquelles le bec-de-lièvre, la syndactylie, le pied bot ou le strabisme apparaissaient de façon récurrente de génération en génération. Dans ce domaine, on croyait à la retransmission des caractères acquis, même si le phénomène était marginal et limité dans le temps : il en était ainsi, croyait-on, des déformations du crâne ou du pied obtenus chez certains peuples par le port de coiffure ou de chaussures chez le jeune enfant, tout comme on pensait qu'en coupant la queue de chiens esquimaux durant plusieurs générations, on obtenait une race anoure. Certaines maladies étaient transmissibles par l'hérédité : la syphilis, la tuberculose, le cancer, l'asthme, la folie et l'hystérie. L'hérédité psychologique était admise pour certaines aptitudes aux sciences ou aux arts mais certains le contestaient, le rôle de l'éducation pouvant expliquer la similitude intellectuelle ou morale entre enfants et parents. Bernheim était plus catégorique encore et, partant du principe : autant de cerveaux, autant d'aptitudes, croyait à *une innéité que l'éducation ne modifie qu'en partie et qui persiste et par une sorte de suggestion héréditaire supérieure et antérieure aux suggestions de l'éducation qui ne parvient pas toujours à les détruire*[89]. Herbert Spencer (1820-1903), influencé lui-même par Darwin, défendait une hérédité sociale transmettant d'une génération à l'autre les progrès enregistrés par les parents au profit de leurs descendants.

On raconte qu'après la disparition de Darwin, on découvrit dans la bibliothèque de l'auteur de l'*Origine des espèces*, un exemplaire non coupé de la communication de Johann Mendel (1822-1884), *Versuch über Pflanzen Hybriden,* imprimée en 1866 ...

En ce qui concerne l'hystérie, les anciens auteurs, Pomme notamment, étaient convaincus que des parents nerveux étaient exposés à avoir des enfants hystériques. Il citait à ce propos la princesse de Vaudemont hystérique à 19 ans dont les parents étaient atteints de névroses sévères. Son maître, Joseph Raulin

---

[88] Dechambre A., article Hérédité, *Dictionnaire encyclopédique des sciences médicales*, 1888, S.4, **13**, 588-605.

[89] Bernheim H., *Op. cit.*, 29.

(1708-1784) estimait qu'une mère, possédant des antécédents de vapeurs, était immanquablement vouée à engendrer une progéniture faible, exposée aux mêmes maux. Plus récemment, Georget avait avancé l'hypothèse selon laquelle les hystériques avaient dans leurs ascendants ou collatéraux des malades mentaux. Selon ses statistiques, Briquet constatait l'existence de 51 personnes atteintes d'hystérie chez les parents des 351 malades atteintes de cette affection, soit 14,5%, tandis que ce pourcentage tombait à 2,5% chez les parents de 167 femmes non hystériques. Il en tirait la conclusion suivante : *Il n'y a pas de doute que les maladies cérébrales chez les parents ne soient une prédisposition à l'hystérie chez leurs enfants*[90]. Il précisait que les hystériques avaient 25% de parents atteints de maladies mentales ou cérébrales alors que les sujets indemnes d'hystérie n'en avaient que 2,8%. Il notait que les hystéries ayant débuté par une attaque initiale de convulsions venaient de parents atteints de névropathies à 28%, ce chiffre tombant à 19% si la maladie avait débuté progressivement. La survenue de l'hystérie avant l'âge de la puberté coïncidait avec l'existence chez leurs parents de névropathies dans la proportion de 28,5%. La proportion de prédisposition à l'hystérie chez les enfants issus de parents indemnes était de 2,5% alors que cette proportion variait de 19 à 28% chez les descendants directs de parents hystériques. Pour Moreau de Tours, *les conditions d'hérédité ... résument ou presque toute la pathologie des troubles intellectuels ...*[91] et il ajoutait : *Cet état nerveux, cette hyperesthésie physique et morale que l'hérédité a déposée au fond de leur être et qui finit tôt ou tard par emporter et la raison et la conscience* [92]. La moitié des mères hystériques donnait naissance à des hystériques, ce qui avait permis à Charcot d'affirmer de longue date que *l'hérédité névropathique figure au premier rang dans l'étiologie de l'hystérie*[93], que *l'hystérie est une et indivisible, et que sa véritable cause n'est pas dans les influences fortuites qui la révèlent, mais bien dans la prédisposition que crée l'hérédité nerveuse*[94]. Cette notion de prédisposition à l'hystérie restera ancrée dans les convictions des psychiatres du

---

[90] Briquet P., *Op., cit.*, 81, 89, 90.
[91] Moreau de Tours J. J., *Traité pratique de la folie névropathique*, 15.
[92] Moreau de Tours J. J., *Psychologie morbide,* Paris, 1859, 126.
[93] Charcot J.-M., *Leçons sur les maladies du système nerveux*, 1887, **3**, 98.
[94] Charcot J.-M., *Clinique des maladies du système nerveux*, Paris, 1892, **1**, 292.

siècle suivant à tel point que Carl Gustav Jung (1875-1961) écrira en 1916, à propos de la disparité des réactions de plusieurs individus confrontés aux mêmes difficultés : *L'x inconnu de l'équation, c'est la prédisposition*[95].

L'hystérie selon Charcot et quelques épigones

Charcot

Si l'on en croit Désiré Bourneville (1840-1909), ce fut un heureux hasard qui fit s'intéresser Charcot à l'hystérie : *Dans le courant de cette année 1870, il se produisit un événement insignifiant en apparence, qui eut sur la destinée du maître une importance considérable. Le bâtiment dit de Sainte Anne, où était installé le service de l'aliéniste Louis Jean-François Delasiauve* (1804-1893), *comprenant les épileptiques, les hystériques et les idiotes adultes, menaçait de ruine, et l'administration dut le faire évacuer. On plaça les idiotes adultes dans trois des sections du quartier des aliénés ; on mit alors les épileptiques et les hystériques réputées aliénées dans la section de Baillarger et on sépara les épileptiques et les hystériques dites non aliénées, dont on fit un quartier spécial. Charcot étant le plus ancien des deux médecins de l'hospice, on le lui offrit ; il l'accepta. Le hasard le favorisa, la science en profita*[96]. Il est amusant de relire l'appréciation un peu pincée du Vapereau (le Who's who de l'époque) paru l'année de la mort de Charcot : *Nous citerons de ce savant médecin, à qui ses expériences sur les phénomènes excentriques des maladies nerveuses et mentales ont fait une particulière notoriété*[97], ... suivait une liste assez complète de ses publications.

La première leçon de Charcot traitant d'une *hystérie intense, invétérée, marquée par une réunion caractéristique de symptômes permanents*[98] datait de 1870. On peut dire qu'elle réalisait l'archétype de ses futures observations. Il s'agissait d'une femme âgée de 40 ans, Justine Etch., entrée à la Salpêtrière en 1869. Sa maladie avait débuté en 1855, et ce n'est pas anodin, à

[95] Jung C.G., *Psychologie de l'inconscient*, Paris, 1996, 38.

[96] Semelaigne R., *Les pionniers de la psychiatrie française*, Paris, 1932, **2**, 242-243.

[97] Vapereau G., *Dictionnaire universel des contemporains*, Paris, 1893, 317.

[98] Charcot J.-M., *Leçons sur les maladies du système nerveux faites à la Salpêtrière*, Paris, 1875, **1**, 285.

la suite d'un viol : on pressent l'importance que devait prendre dans l'interprétation de la maladie, ce traumatisme initial de nature souvent sexuelle. En mars 1870, après une grande attaque, elle avait présenté une énorme contracture au niveau des membres supérieurs et inférieurs gauches. Cette contracture, qui ne cédait pas à l'anesthésie par le chloroforme, était accompagnée d'une hémianesthésie complète des membres contracturés mais également du tronc et de la face du même côté. Elle présentait une ischurie[99] reproduisant les phénomènes observés par les physiologistes après ligature des uretères chez l'animal. Elle se plaignait d'une douleur au-dessus de l'aine gauche. Pour Charcot, qui parlait d'*hyperesthésie ovarienne*, c'était un signe quasi-pathognomonique. Cette douleur irradiait à l'épigastre, au cou au niveau duquel elle provoquait la boule ou le globe hystérique, à la tête où elle déclenchait des acouphènes, des céphalées pulsatiles, des troubles visuels à type d'hémianopsie[100] et d'achromatopsie.

Les troubles visuels avaient attiré l'attention de Charcot et de son équipe. Les progrès techniques permettaient d'utiliser des instruments perfectionnés comme l'ophtalmoscope inventé par l'Allemand Hermann Helmholtz (1821-1894) en 1851. Edmund Landolt (1846-1926) avait publié, en 1875, un important travail sur l'affaiblissement de la vue sans lésion organique (amblyopie) chez des hystériques[101]. Trois ans plus tard, Henri Parinaud, ophtalmologiste et musicien[102], signalait la perception simultanée de plusieurs images, doubles, triples ou davantage, par certaines hystériques. Il notait que ce phénomène, la polyopie, s'accompagnait d'un spasme de l'accommodation, qu'elle était facilitée par l'astigmatisme et que les verres correcteurs la dissipaient[103].

---

[99] Le terme est un peu ambigu. En effet, à l'époque, on distinguait deux sortes d'ischuries. L'ischurie vraie ou rétention d'urine et l'ischurie fausse ou anurie provoquée par une lésion rénale ou urétérale. La terminologie moderne considère cette expression peu usitée comme désignant l'impossibilité d'uriner.

[100] Perte d'une moitié du champ visuel.

[101] Troisier, *De l'amblyopie hystérique par le Dr E. Landolt* (Arch. de phys. Norm. et pathol., 1875), Revue des sciences médicales, **7**, 1876, 289-290.

[102] Il composa divers morceaux de musique sous le pseudo de Pierre Erick.

[103] Terrier F., *De la polyopie monoculaire dans l'hystérie* ... par H. Parinaud, (Annales d'oculistique, 5ème et 6ème liv., 1878, 218), Revue des sciences médicales, **13**, 1879, 259-260.

La photographie devait jouer un rôle éminent dans l'étude de l'hystérie. Il semble que le premier ouvrage médical illustré directement par des photographies paru en France ait été l'*Atlas du cours de microscopie* d'Alfred Donné (1801-1878), édité en 1846 par Baillière. Le même éditeur devait publier, en 1853, l'*Album de photographies pathologiques* de Guillaume Duchenne de Boulogne (1806-1875) puis, la même année, le *Mécanisme de la physionomie humaine* qui lui permit d'illustrer les résultats de l'examen électrophysiologique des muscles de la face. On sait l'étroite collaboration qui existait entre Charcot et Duchenne. Rien d'étonnant à ce que parussent, quelques années plus tard, en 1877, les quatre volumes de l'*Iconographie photographique de la Salpêtrière,* à l'initiative de Bourneville et de Regnard. Les photographies du tome I étaient collées dans le livre et non imprimées. Mais le temps de pose prolongé obligeait à sélectionner les attitudes figées, comme la rigidité de la crucifixion ou l'immobilité de l'extase. Un progrès considérable fut introduit avec la parution du tome II, la photolithographie. Le cliché, développé dans la chambre obscure, était reporté sur la pierre puis le tirage à l'encre grasse effectué à la presse. Cette amélioration coïncida avec l'ouverture d'un atelier de photographies attenant au laboratoire de Charcot[104]. En 1882, avec le photographe professionnel Albert Londe (1858-1917), arriva la photographie instantanée. Mais les onze volumes de la *Nouvelle iconographie de la Salpêtrière* édités de 1888 à 1898 avec la collaboration de Paul Richer (1849-1933) et de Georges Gilles de la Tourette (1857-1904) avaient perdu leur attrait de nouveauté. Charcot avait alors achevé ses recherches sur la grande hystérie, mise en scène par le patron, soucieux de rendre démonstratives les postures des malades. Il est évident que Charcot et ses collaborateurs étaient un peu les créateurs de leur objet de recherche, mais s'agissait-il véritablement d'artefacts ? Ces crises existaient bien avant l'invention de la photographie et celles que déclenchaient chez certains malades, selon les témoignages de l'époque, la seule mise en batterie de l'appareil photographique, relevaient vraisemblablement de la pure simulation.

[104] Bourneville, Regnard, *Iconographie photographique de la Salpêtrière*, service de M. Charcot, Paris, 1878, **2**, Préface.

Le cas d'Augustine G ... était exemplaire des descriptions données par Charcot de l'*hysteria major* . On trouve le portrait de cette jeune femme de 15 ans et demi dans le tome II de l'*Iconographie*. La planche XIV la représente assise, calme, la tête appuyée sur la main droite. Voici comment elle est dépeinte par Bourneville et Regnard : *Tout en elle annonce l'hystérique. Les soins qu'elle apporte à sa toilette ; l'arrangement de ses cheveux, les rubans dont elle aime à se parer. Ce besoin d'ornement est si vif que quand elle est en attaque, s'il se produit une rémission, elle en profite pour attacher un ruban à sa camisole ; ceci la distrait, lui fait plaisir : Quand je m'ennuie, dit-elle, je n'ai qu'à faire un nœud rouge et à le regarder ... Il va de soi qu'elle aime à se montrer ... et désire qu'on s'occupe d'elle*[105]. En revanche, la planche XV et les suivantes, nous la montrent aux diverses phases de l'accès. Charcot décrivait chez elle l'aura hystérique, la douleur de l'ovaire droit, le nœud épigastrique, le troisième nœud avec ses palpitations cardiaques, les troubles céphaliques, les battements artériels aux tempes, les sifflements dans les oreilles, puis la chute sans traumatisme grave, à moins qu'elle n'ait eu le temps de se coucher. Il ajoutait : *Pour ce qui est relatif aux crises convulsives, je me bornerai à dire qu'à cet égard encore, G... peut être considérée comme un véritable sujet d'étude. Chez elle en effet, les diverses phases qui, d'après la description que je vous ai présentée, composent un aspect hystéro-épileptique dans son type de complet développement, au cours duquel se succèdent avec une régularité remarquable : 1°/ Phase des convulsions épileptiformes généralisées, terminées par une courte période de stertor 2°/ Phase clonique par excellence ou des grands mouvements du corps, des contorsions 3°/ Phase des attitudes passionnelles ou, si vous l'aimez mieux, des poses plastiques. La période du délire consécutif à la crise si prononcé chez certains sujets est, au contraire, dans ce cas, à peine esquissée*[106].

L'hystérie masculine et le rôle de la suggestion traumatique avaient été un des thèmes d'élection de Charcot. En effet, les auteurs anglo-saxons avaient signalé des manifestations hystéri-

---

[105] Bourneville, Regnard, *Iconographie photographique de la Salpêtrière*, service de M. Charcot, Paris, 1878, **2**, 168.
[106] Charcot J.-M., *O.C.*, **1**, 397.

ques chez les passagers commotionnés dans des collisions de chemin de fer (*Railway-Spine*), ce qui soulevait de délicats problèmes juridiques, car les victimes réclamaient des indemnisations et le préjudice était difficile à évaluer[107]. Or les blessés étaient fréquemment des hommes, notamment des employés de diverses compagnies ferroviaires. Charcot citait le cas d'un cocher et d'un maçon victimes de chute sur leur lieu de travail ayant développé par la suite des paralysies au niveau des membres blessés sans qu'aucune lésion osseuse, musculaire ou neurologique puisse l'expliquer. Il avait cru détecter une similitude entre l'obnubilation du moi établi par l'hypnotisme chez les hystériques et un phénomène identique provoqué par le traumatisme chez ces deux accidentés. Le *nervous shock* aurait été à l'origine de l'idée de l'impuissance motrice, jouant le même rôle que la suggestion verbale ou qu'une action traumatique légère chez les hystériques, substituant l'événement imaginé à l'événement réel, ce qui définissait la suggestion traumatique. Charcot estimait que ces hystéries post-traumatiques chez l'homme étaient sévères car résistantes au traitement et souvent associées à la psychose traumatique[108]. En 1889, Pierre Marie (1853-1940) établissait deux classes d'hystériques : ceux qui en manifestaient les symptômes associés à des troubles de la sensibilité qu'il désignait sous le nom d'hystérie massive et ceux qui, n'ayant pas d'anomalies de la sensibilité, présentaient des crises convulsives, une *ovarie*, la boule hystérique, qu'il classait sous la dénomination d'hystérie mitigée. Sur cinquante-deux hommes, il trouvait vingt-cinq cas d'hystérie massive et trois d'hystérie mitigée. Sur 179 femmes, un cas d'hystérie massive, cinq d'hystérie mitigée. Il concluait que l'hystérie massive était huit fois plus fréquente chez l'homme que chez la femme. Il attribuait cette différence au fait

---

[107] W*e ... are disposed to believe that the primary seat of the functional disturbances lies in the brain itself, and that as in the hypnotic state ... there is a temporary arrest in the functions of that part of the sensorium which preside ove rand controls the movements and the sensations of the periphery. Page, Injuries of the spine and nervous shock*, (Nous sommes enclins à penser que le siège initial des troubles fonctionnels réside dans l'encéphale lui-même et que, comme dans l'état d'hypnose, il y a un arrêt momentané des fonctions de cette partie de la conscience qui contrôle les mouvements et les sensations périphériques), London, 1885. In Charcot J.-M., *Leçons sur les maladies du système nerveux faites à la Salpêtrière*, Paris, 1875, **3**, 392.

[108] Charcot J.-M., *Leçons sur les maladies du système nerveux faites à la Salpêtrière*, Paris, 1875, **3**, 456.

que le recrutement des sujets masculins se faisait dans une population de marginaux, vagabonds ou délinquants, exposés aux traumatismes et aux intoxications, notamment par l'alcool. Les femmes, d'un milieu social plus élevé, ne présentaient pas ces facteurs provocateurs[109].

Grasset

Le long article (112 pages) que Joseph Grasset (1849-1918), neurologue montpelliérain, avait consacré à l'hystérie, dans un volume du dictionnaire Dechambre paru en 1889, reflétait parfaitement les conceptions en vogue dans le corps médical de l'époque à propos de cette mystérieuse maladie apparemment si bien déchiffrée par le *César de la Salpêtrière*. D'entrée de jeu, Grasset citait cette phrase prophétique d'Ernest Lasègue (1816-1883), aliéniste résolument somaticien : *La définition de l'hystérie n'a jamais été donnée et ne le sera jamais*[110]. La fugacité des symptômes multiformes, la mobilité des manifestations, et l'absence de lésion organique caractéristique, la rangeait définitivement parmi les névroses. Pour Grasset, la persistance de l'altération fonctionnelle sur une même localisation pouvait aboutir à une authentique lésion organique de la région concernée[111]. Il rattachait cette névrose, comme le faisait Charcot, à une diathèse générale et la considérait donc comme symptomatique. La maladie atteignait plus souvent les femmes que les hommes dans la proportion de 20 contre 1. Tous les âges étaient concernés, avec une recrudescence entre 10 et 20 ans. Elle était héréditaire mais, pour Grasset, dans le cadre plus vaste de l'hérédité de l'ensemble des affections du système nerveux[112]. Grasset établissait un lien diathésique[113] héréditaire entre la tuberculose et l'hystérie. Il pensait même qu'elles se succédaient alternativement ou surgissaient simultanément chez un même malade comme, selon lui et selon les idées de son temps, la chorée était

---

[109] Marie P., *L'hystérie à la consultation du bureau central : étude statistique*, Revue des sciences médicales ..., **35**, 1890, 169.

[110] Grasset J., article Hystérie, *Dictionnaire encyclopédique des sciences médicales*, S.4, **15**, 240.

[111] Grasset J., *Op. cit.*, 242.

[112] Grasset J., *Op. cit.*, 252-258.

[113] Diathèse : prédisposition individuelle à contracter une maladie, notion développée au XVIIIème et XIXème siècle par Brown, Grimaud, Hallé ou Richerand.

de nature rhumatismale (ce qui peut être vrai) ou l'angine de poitrine, de nature goutteuse (ce qui relève de la coïncidence). En ce qui concernait le rhumatisme, il le rattachait au patrimoine héréditaire hystérique et rappelait que Charcot reliait la goutte à la diathèse hystérique. Pour Fournier, c'était la syphilis qui suscitait une névrose hystérique qui disparaissait avec le traitement de l'affection causale. Grasset en inférait *le rôle étiologique considérable que jouent les maladies générales dans la production de l'hystérie*[114]. On avait voulu déterminer les caractères morphologiques attachés au tempérament hystérique, mais il avait bien fallu admettre que cette névrose existait aussi bien chez les sujets petits et bruns que chez les individus grands et blonds et qu'elle prenait les femmes, ou les hommes, comme elle les trouvait. De même il rejetait le rôle des climats, des races, des nationalités. Contrairement aux auteurs qui, comme Duvernoy, incriminaient la classe sociale, estimant que des difficultés d'existence favorisaient l'hystérie et que les pauvres étaient donc plus exposés que les riches, il estimait que ce n'était pas seulement la quantité des épreuves subies mais aussi leur qualité qui provoquaient l'hystérie. D'autre part les études statistiques étaient effectuées dans les hôpitaux dont le recrutement se faisait parmi les couches défavorisées de la population. En revanche, à l'instar de Charcot, il accordait un rôle déterminant à l'éducation, nocive tant dans ses excès permissifs que répressifs : faire espérer une ascension sociale mirifique ou briser une vocation motivée pouvait engendrer la névrose. Eviter ces écueils pédagogiques était sa meilleure prévention. Quant à la prétendue responsabilité de la continence dans l'apparition de l'hystérie, Briquet et Alexandre Axenfeld (1825-1876) en avaient déjà fait litière soulignant que l'hystérie se manifestait une fois sur cinq avant la puberté et qu'elle n'était pas plus fréquente chez les personnes observant une stricte continence, ni plus rare chez celles ayant une intense activité sexuelle. Alors que la profession ne semblait jouer aucun rôle dans l'apparition de l'hystérie, c'était en revanche la cessation de l'activité qui pouvait la faire apparaître. Le retraité devait prendre garde de ne point sombrer dans une introspection et un nombrilisme générateurs de névrose hystérique ou hypochondriaque.

---

[114] Grasset J., *Op. cit.*, 263.

Grasset ajoutait : *C'est la ménopause de l'homme*[115]. La vie religieuse ne semblait pas en cause, sauf peut-être lorsqu'elle impliquait une dévotion excessive, des privations, la contemplation. En revanche, une statistique de Saint-Lazare montrait que la moitié des prostituées détenues était hystérique. Quelle était l'influence de la menstruation et de la grossesse ? Selon Briquet et Axenfeld, si l'aménorrhée favorisait l'hystérie, celle-ci pouvait apparaître avec un cycle menstruel normal, voire *longtemps avant la nubilité ou après la ménopause*[116]. Quant à la grossesse, elle ne provoquait l'hystérie que lorsqu'elle n'était pas désirée. Les affections gynécologiques étaient rarement en cause et il s'agissait toujours d'atteintes bénignes. L'onanisme était plus une conséquence que la cause de cette névrose.

Les causes morales comprenaient les émotions brutales, un deuil, une agression ou bien les affections mentales liées à une insatisfaction chronique comme *le malheur dans le mariage.* Cette catégorie de malades était incurable, la cause échappant à l'action du thérapeute. Et que dire du cas où le mari idéal, né de l'imagination de la jeune fille, ne correspondait pas à l'époux qu'elle retrouvait chaque jour dans l'intimité de son foyer. La cause sociale de l'hystérie devenait alors *la réalité inférieure au rêve.* Nous parlerions de bovarysme. Briquet énumérait également : *Les mauvais traitements, les tracasseries, les préoccupations, les soucis, les contrariétés provenant, soit du ménage, soit de la famille, soit des relations illicites ; les inquiétudes suscitées par les affaires, les revers de fortune, les changements défavorables de position ; la nostalgie, l'ennui, le chagrin, la crainte continuelle, les déceptions, la jalousie ; enfin les affections de cœur contrariées ...*[117] Les causes traumatiques avaient été signalées par de nombreux auteurs, dont Charcot. Elles étaient diverses : trauma post-opératoire, choc consécutif à un accident, commotion affectant la tête ou le rachis. Elles posaient des problèmes médico-légaux quand, à la suite des accidents ferroviaires, il fallait établir le diagnostic d'hystérie chez une victime de bonne foi devant des juges qui assimilaient le malade à

---

[115] Grasset J., *Op. cit.*, 266.
[116] Grasset J., *Op. cit.*, 269.
[117] Grasset J., *Op. cit.*, 271.

un simulateur. Des hystéries induites par le mercure et le plomb existaient aussi.

Bien que foisonnante, la symptomatologie de cette maladie permettait de distinguer des traits communs. On décrivait trois types de début : ainsi, chez l'enfant, on constatait une irritabilité, des sanglots, des palpitations, des tremblements suivis plus tard de céphalées, de troubles digestifs, de douleurs épigastriques ou scapulaires. Chez la femme adulte, on notait divers troubles abdominaux ou céphaliques. Parfois, il n'y avait pas de signes de début mais une attaque hystérique inaugurale avec convulsions et syncope. On décrivait diverses variétés d'attaques. L'attaque était le symptôme majeur de l'hystérie. C'était elle qui allait permettre d'établir le diagnostic. Malheureusement elle manquait une fois sur deux, surtout chez les femmes du monde qui présentaient rarement une hystérie convulsive. Elle survenait tantôt inopinément, tantôt après un examen médical, une émotion, une séance d'hypnotisme ou une pression sur les régions hystérogènes. On décrivait trois grands types d'attaque : la grande attaque complète[118], l'*hysteria major* ou attaque de la Salpêtrière, l'attaque incomplète ou *hysteria minor* : hystérie vulgaire, enfin les multiples variétés d'attaques : syncopale, spasmodique, épileptoïde, d'attitude extatique ou passionnelle, de contracture, de sommeil, de catalepsie. La grande crise se manifestait au début par des troubles psychiques : anomalies du comportement à type d'excitation, d'agressivité, d'indifférence, de tristesse, avec quelques contractures transitoires, des hallucinations auditives ou visuelles. Les fonctions digestives, respiratoires, circulatoires et urinaires étaient affectées : anorexie, nausées, boule cervicale, tympanite, spasme du larynx, toux, aphonie ou cris, palpitations et manifestations vasomotrices, polyurie. Les anomalies sensitives se traduisaient par des anesthésies ou des hyperesthésies localisées à un territoire nerveux. Enfin, les troubles moteurs, tremblement, secousses, contractures, petites manifestations épileptoïdes annonçaient la grande crise. A ces prodromes succédait l'*aura hysterica*. Son point de départ était l'ovaire et la douleur qui caractérisait l'ovarie siégeait à l'intersection de la ligne horizontale des épines iliaques antérieures et supérieures et des lignes

[118] La grande attaque de Charcot est devenue exceptionnelle, cf Tribolet Serge, *Guide pratique de psychiatrie*, Paris, 2011, 97 et suiv.

perpendiculaires qui limitaient latéralement l'épigastre[119]. Pour Charcot, des troubles céphaliques coexistaient avec cette douleur et se manifestaient précisément du côté de la tête correspondant à l'ovaire qui était le point de départ de l'aura[120]. La douleur, spontanée ou provoquée, coïncidait avec une zone d'anesthésie cutanée. En dehors des crises, le palper profond percevait l'ovaire à travers la paroi et déclenchait les manifestations de l'aura : douleurs épigastriques, palpitations, boule hystérique au niveau du cou, sifflements auditifs, troubles visuels et martèlements douloureux dans la tempe, tout cela toujours du côté où l'ovaire était comprimé. A l'époque, la notion de zones hystérogènes était un élément majeur de la théorie concernant l'hystérie. On admettait qu'elles fussent particulières à chaque malade mais fixes pour chacun d'eux avec des régions préférentielles : face antérieure des membres ou du tronc, plus souvent à gauche qu'à droite, à leur maximum avant l'attaque, amoindries après l'attaque.

L'attaque comportait trois ou quatre périodes immuables bien décrites par le Maître de la Salpêtrière[121] : la première était de nature épileptoïde, la seconde était caractérisée par des contorsions et de grands mouvements, la troisième par des attitudes passionnelles et la quatrième par du délire. La première période présentait des phases analogues à celles d'une crise comitiale. La phase prémonitoire initiale, avec troubles moteurs latéralisés ou limités au membre supérieur, était parfois absente. Ensuite, survenait une perte de connaissance, une apnée, le malade ne gardant aucun souvenir des évènements. Apparaissait alors la phase tonique, avec mouvements lents de projection de la tête en hyperextension, protrusion de la langue, révulsion des yeux, longues périodes d'apnée, mouvements de rotation du membre supérieur puis immobilité tétanique, habituellement en extension, et décubitus dorsal, réalisant quelquefois un opisthotonos[122]. Le cou était cyanosé, l'écume apparaissait aux lèvres, les bras étaient étendus en adduction et rota-

---

119 Grasset J., *Op. cit.*, 277-278.

120 Chouppe H., *Leçons sur les maladies du système nerveux par M. Charcot*, Revue des sciences médicales en France et à l'étranger, recueil trimestriel analytique, critique et bibliographique, Paris, 1873, 2, 661-662.

121 Huchard H ., *Description d'une attaque d'hystéro-épilepsie par Charcot* (Soc. De biol., 13 juillet 1878, et Gaz. méd. de Paris, 30, 1878), Revue des sciences médicales, **13**, 1879, 180-181.

122 Voir note p. 32.

tion externe, le poignet fléchi, le poing fermé. Au niveau des membres inférieurs, les genoux étaient serrés l'un contre l'autre, les pieds tournés vers l'intérieur ou l'extérieur. La pupille était en myosis ; en revanche, à la phase clonique, elle était en mydriase. Cette phase débutait par de brèves et rapides vacillations des membres : oscillation de la tête, des membres ou d'une moitié du corps. Le faciès était grimaçant, la respiration saccadée se rétablissait progressivement, *le corps s'affaisse peu à peu en s'approchant de la résolution*[123]. Richer estimait à trente minutes la durée des deux phases toniques, à la même durée l'ensemble de la phase clonique. La deuxième période de l'attaque était la plus spectaculaire car marquée par les contorsions et les grands mouvements. Charcot parlait de clownisme, Richer, de tours de force. Les attitudes étaient variées, illogiques, imprévues et le plus souvent le malade adoptait une attitude en arc de cercle à concavité postérieure (opisthotonos). Il était tellement rigide qu'on pouvait le transporter sans qu'il abandonne la posture initiale. Selon Richer, *la situation que peut prendre le corps dans cette phase de l'attaque ne semble soumise à aucune loi, si ce n'est la loi de l'étrange et de l'impossible*[124]. Certains sujets étaient saisis d'une crise de fureur et s'infligeaient des coups, des griffures ou s'en prenaient aux objets et aux personnes qui les entouraient, déchirant leurs draps, essayant de mordre ceux qui étaient à leur portée, poussant des cris stridents. La troisième période était celle des attitudes passionnelles ou des poses plastiques. La transition avec la deuxième période était moins nette que celle qui séparait les deux périodes précédentes. Elle en différait également par sa teneur : les malades étaient soumis à des hallucinations dont ils mimaient la nature et le déroulement. Ils vivaient leur délire. Leur délire, ils en étaient à la fois l'objet et le sujet : un événement, croyaient-ils, se déroulait devant eux et ils y prenaient une part active dont ils garderaient le souvenir. Pendant ce délire, les sujets ne ressentaient aucune des stimulations sensorielles auxquelles ils étaient soumis. Seule la stimulation d'une zone hystérogène, surtout ovarienne, ou un choc électrique pouvaient interrompre le délire et dissiper les hallucinations. Enfin, la quatrième période était celle d'un délire construit à partir d'évènements passés de la vie du malade. Triste ou gai, poignant

---

[123] Grasset J., *Op. cit.*, 281.
[124] Grasset J., *Op. cit.*, 283.

ou mystique, obscène ou édifiant, *il découvre parfois les plus secrètes pensées*[125].

Ce tableau spectaculaire, souvent décrit par les médecins du temps de Charcot, n'était pas, loin s'en faut, la manifestation hystérique la plus fréquemment rencontrée. Il y avait des formes convulsives incomplètes. Elles caractérisaient l'hystérie vulgaire, petite hystérie, *hysteria minor*. On y retrouvait certains éléments constitutifs de l'*hysteria major* : existence chez ces malades de zones hystérogènes, prodromes atténués à type d'instabilité professionnelle, de versatilité affective, de dyspepsie, de douleurs épigastriques. D'utérin, le point de départ de l'attaque, l'aura[126], s'était déplacé vers l'épigastre au niveau duquel il provoquait une brûlure constrictive, avec, pour l'Ecole de la Salpêtrière, un détour par l'ovaire. Richer avait même inventé un compresseur ovarien censé inhiber la montée en puissance de la crise et dont on trouve la représentation dans l'*Iconographie*[127]. On le laissait en place parfois trente-six heures. Pour Briquet, l'aura débutait parfois au niveau des membres et se terminait à l'épigastre. Plus rarement, le malade ressentait une sensation de strangulation, d'étourdissement, de céphalée puis perdait connaissance. La chute s'effectuait généralement sans dommages, car la conscience était conservée au début de la crise et le malade en prévoyait les conséquences. Les auteurs de l'époque insistaient bien sur cette distinction essentielle entre l'hystérie et la simulation. L'hystérique, dès lors, ne sentait rien, ne réagissait à rien spontanément. En revanche, les organes sensoriels fonctionnaient et le sujet se souvenait de tous les évènements qui s'étaient déroulés pendant l'attaque. Il était dyspnéique, cyanosé, les vaisseaux du cou et du visage battant ou distendus. Puis survenaient des convulsions cloniques au cours desquelles les membres présentaient des mouvements coordonnés mais variables dans leurs attitudes, flexion, extension et dans les membres concernés. Gustave Bernutz (1819-1887) comparait ces attitudes à celles d'une

---

125 Grasset J., *Op. cit.*, 284.

126 L'aura (souffle), est un terme inventé par Galien pour décrire la sensation de souffle qui prévient les épileptiques de l'imminence de la crise convulsive. Il désigne actuellement les symptômes moteurs, sensitifs, sensoriels, végétatifs ou psychiques qui se manifestent au début d'une crise comitiale secondairement généralisée.

127 Bourneville, Regnard, *Iconographie photographique de la Salpêtrière*, service de M. Charcot, Paris, 1878, **2**, Fig. 8, 165.

lutte pour se libérer de la force qui les faisait suffoquer et leur serrait la gorge. L'accès pouvait se terminer là ou bien reprendre deux, trois fois ou plus avant sa terminaison définitive. La conscience revenait peu à peu, mais cette récupération était précédée dans certains cas d'une phase hallucinatoire avec les attitudes passionnelles de la grande crise bientôt suivie soit d'une crise de larmes, soit d'un fou rire. C'était à ce stade que les malades se livraient à un délire verbal soit inintelligible soit indiscret et compromettant. Charcot pensait, et Grasset avec lui, que cette forme d'hystérie n'était ni de l'épilepsie à forme hystérique ni de l'hystérie compliquée d'épilepsie, mais bel et bien de l'hystérie épileptiforme. Différents moyens permettaient de les distinguer dont la compression ovarienne, qui permettait de modifier ou même d'arrêter l'attaque épileptiforme, et la prise de température rectale qui ne dépassait jamais 38°5 pendant les plus longues périodes de convulsions hystériques. Quant à faire de l'*hysteria major* et de l'*hysteria minor* deux entités pathologiques distinctes, c'était hors de question. Ces deux affections relevaient de la même névrose. Elles constituaient simplement *deux variétés classiques de l'attaque d'hystérie*[128].

A côté de ces deux grands tableaux, les auteurs de l'époque en décrivaient une multitude qui ne représentaient qu'une partie de la réalité, tant le polymorphisme de l'hystérie en faisait une affection difficile à cerner. Ainsi on dénombrait les variétés d'attaque syncopales, spasmodiques, épileptoïdes, démoniaques, de clownisme, d'attitude passionnelle, de délire, de contracture, de sommeil, de catalepsie.

La forme syncopale était rare : Briquet en dénombrait onze cas sur quatre cents hystériques, mais elle était la plus effrayante. A une phase de constrictions épigastriques et laryngées, succédait une perte de connaissance avec palpitations, faiblesse extrême du pouls, accélération des pulsations cardiaques, le tout se terminant par un retour de la conscience et des sanglots.

L'attaque de spasme s'accompagnait d'une hyperesthésie douloureuse des zones hystérogènes, particulièrement celle de l'ovaire, d'une sensation de boule ascendante, d'étranglement et de suffocation, de manifestations sensorielles à type

[128] Grasset J., *Op. cit.*, 290.

d'acouphènes ou de photophobie. La gêne respiratoire pouvait *donner lieu à une sorte d'état asphyxique*[129].

La forme épileptoïde posait un problème de diagnostic difficile avec la véritable crise comitiale. En effet seuls trois facteurs la différenciaient de l'épilepsie : l'absence d'altération de l'état général après une évolution de plusieurs semaines, l'apyrexie, et l'efficacité de la compression des zones hystérogènes. Il est vrai que le médecin était parfois aidé dans son diagnostic par des symptômes d'accompagnement comme l'ovarie[130], la boule strangulatoire, les signes sensoriels cités plus haut, les troubles digestifs comme le tympanisme abdominal ou les gargouillements.

Guinon

Guinon avait repris les travaux du *patron*[131] en 1889 et fait l'inventaire exhaustif des facteurs susceptibles de déclencher une crise d'hystérie. Il décrivait d'abord les troubles qui, systématiquement, quelle que soit la cause déclenchante, se déroulaient de façon identique : troubles de la sensibilité, de la motilité et du psychisme. On trouvait donc en premier lieu des hémianesthésies en manche de veste par exemple avec leur fréquent cortège de troubles sensoriels, perte de l'odorat, de l'ouie, du goût, vision double, rétrécissement du champ visuel, perte de la sensibilité conjonctivale. Mais, à l'inverse, il n'était pas exceptionnel de voir des hyperesthésies cutanées, le moindre attouchement étant douloureux et pouvant déclencher des spasmes. Ces zones d'analgésie ou d'hyperesthésie ne correspondaient pas à la distribution anatomique des nerfs. Parfois, c'était un organe profond qui devenait hypersensible, comme l'ovaire. Les atteintes motrices, elles, consistaient, pour l'essentiel, en convulsions sporadiques, paralysies et contractures. Les attaques convulsives pouvaient n'être qu'une simple lipothymie ou une grande crise avec

[129] Grasset J., *Op. cit.*, 292.

[130] Appelée aussi ovaralgie, oophoralgie, irritation ovarienne, c'était une douleur de l'ovaire assez vive, siégeant le plus souvent à gauche, irradiant dans la région du rein ou du foie, déclenchant une syncope, un vomissement ou une crise d'hystérie dont elle accompagnait fréquemment les troubles réflexes et les symptômes nerveux. D'après Dechambre A., Mathias Duval, Lereboullet L., *Dictionnaire usuel des sciences médicales*, Paris, 1885, 1144.

[131] Les collaborateurs de Charcot l'appelaient ainsi autant quand il était présent qu'en son absence.

perte de conscience, mouvements spectaculaires, attitudes extatiques ou passionnelles. Les paralysies se rencontraient fréquemment, flasques le plus souvent, parfois associées à des contractures. Le territoire moteur atteint variait depuis la seule paralysie d'une main jusqu'à l'hémiplégie ou la paralysie complète de trois ou quatre membres. Les troubles sensitifs associés étaient des pertes de la sensibilité selon une distribution ne correspondant pas aux territoires sensitifs mais obéissant à une répartition en manche de veste en cas de monoplégie ou en hémianesthésie lors des hémiplégies. Les contractures, enfin, moins fréquentes, avaient en commun de ne pas comporter de modifications dans les réactions aux stimuli électriques. Quant à l'état mental, il répondait à deux types opposés. Le premier, le plus souvent féminin, présentait un caractère écervelé, rieur, lunatique, accompagné d'un fort désir de plaire et de séduire. Le second, tout à l'opposé, et plus souvent retrouvé chez des hommes, était ténébreux, triste, asocial, mélancolique, exposé à d'épouvantables cauchemars, à d'effrayantes hallucinations[132]. Guinon distinguait les causes prédisposantes, et l'hérédité était ici dominante, des causes occasionnelles. La nécessité d'affirmer l'identité pathologique de l'hystérie, son autonomie nosologique en quelque sorte, justifiait pour lui d'adopter la notion de famille névropathique chère à son maître. Ces sujets étaient particulièrement vulnérables et leur hystérie était constitutionnelle, susceptible de surgir à la suite de toute agression mentale ou physique : agressions de toutes natures, surmenage intellectuel, onanisme, excès vénériens, catastrophes naturelles, traumatismes, maladies infectieuses, diabète, maladies génitales, neuropathies, myopathies. Les phénomènes hystériques, alors qu'ils étaient déclenchés par ces multiples causes, ne se traduisaient que par deux sortes de troubles : les phénomènes hystériques locaux ou généraux. Les premiers trahissaient l'origine corticale d'une lésion *sine materia* puisqu'elle atteignait la sensibilité ou la motricité d'un segment de membre, dont la commande était cérébrale. Le fait qu'on obtînt les mêmes résultats par la suggestion hypnotique que par le *shock*[133] déclenchant confirmait cette hypothèse. Quant aux phénomènes hystériques généraux, ils se voyaient lors d'*un trouble*

[132] Guinon Georges, *Les agents provocateurs de l'hystérie*, Paris, 1889, 250-267.
[133] Guinon Georges, *Op. cit.*, 356-357.

de la nutrition générale et en particulier de la nutrition du système nerveux produit par certains agents provocateurs[134]. Guinon, et il représentait toute l'école de la Salpêtrière groupée derrière son chef de file, s'acharnait à défendre l'existence dans l'hystérie de lésions matérielles, inconnues, mais certaines, trop fines et trop passagères pour être visibles.

Richer

Les attaques démoniaques avaient servi de thème au livre rédigé à deux mains par Charcot et Richer, L*es démoniaques dans l'art*. Ils avaient puisé dans le matériau abondant fourni par les attendus des procès en sorcellerie, par les peintures et les sculptures du Moyen Age et des siècles suivants, une abondante documentation. Le Christ, de nombreux saints, étaient représentés en train de délivrer du démon des femmes et des hommes, souvent dans des postures évoquant un opisthotonos ou des convulsions tandis que des diablotins cornus et griffus s'échappaient de leur bouche ou de leur tête. Ces représentations figuraient sur des miniatures, des tableaux, des bas-reliefs. Les auteurs insistaient sur une miniature du XVème siècle trouvée dans un livre de chœur de la cathédrale de Sienne, et qui était effectivement démonstrative. Le Christ venait d'exorciser un malade. Derrière lui, une femme attendait son tour. Elle était représentée avec les stigmates caractéristiques de la crise d'hystérie : mouvement des bras, torsion de la tête, convulsion des globes oculaires, regard qui plafonnait, rides frontales plissées, sourcils contractés, ailes du nez élargies, bouche béante, autant de signes retrouvés chez les pensionnaires de la Salpêtrière[135]. C'était une des représentations les plus anciennes et les plus convaincantes de l'ouvrage de Charcot et Richer. Plus tardive, la représentation d'une guérison de possédé avait été peinte par Louis Carrache (1555-1619) dans une fresque du cloître Saint-Michel. Il s'agissait cette fois d'un homme qui agitait les bras, croisait les jambes en ciseau, tirait la langue, grimaçait et levait les yeux au ciel[136]. Des peintures de Rubens (1577-1640) représentant des possédés, une femme et un homme, guéris par Saint Ignace, ex-

[134] Guinon Georges, *Op. cit.*, 372.

[135] Charcot J.-M., Richer Paul, *Les démoniaques dans l'art*, Paris, 1887, 16-17.

[136] Charcot J.-M., Richer Paul, *Op. cit.*, 48-49.

posés l'un à Gêne, l'autre à Vienne, leur avaient inspiré les remarques suivantes : *Nous n'aurons pas de peine à démontrer par l'étude de ces différentes œuvres, au point de vue qui nous retient, comme Rubens sut voir la nature et avec quel respect il sut la copier ... Tel de ses possédés offre des caractères si vrais et si saisissants que nous ne saurions rencontrer ou imaginer une représentation plus parfaite des crises que nous avons longuement décrites dans des ouvrages récents, et dont nos malades de la Salpêtrière nous offrent journellement des exemples typiques. Il a fallu toute l'intuition du génie, jointe à une rare acuité d'observation, pour saisir et fixer avec tant d'effet et de sûreté les traits fondamentaux d'un tableau si changeant et si complexe. La figure de la possession créée par le pinceau de Rubens est un véritable type ... aujourd'hui, à plus de deux siècles de distance, nous y surprenons les signes indéniables d'une affection nerveuse alors méconnue*[137]. Et le fait est que tout dans l'aspect et le comportement des personnages du grand peintre flamand *présente les caractères les plus remarquables de la grande attaque*[138]. Quel chef d'œuvre aurait peint Rubens s'il avait eu Augustine pour modèle ! Evidemment, on ne peut passer sous silence les convulsionnaires du tombeau du diacre Pâris dont Charcot et Richer commentaient une gravure d'époque représentant la guérison de jeunes femmes atteintes de différents maux hystériques. Le diacre janséniste François de Pâris était décédé en 1727, en odeur de sainteté. Il avait été inhumé dans le cimetière de Saint Médard et des miracles eurent lieu sur sa tombe. L'Eglise condamna ces prétendus prodiges et tout serait rentré dans l'ordre si durant le mois d'août 1731, des scènes de convulsion n'avaient eu lieu qui furent interprétées comme la volonté divine d'infliger d'abord des douleurs aux futurs miraculés avant de les guérir. Les récits de l'époque révélaient qu'il s'agissait de manifestation de la grande hystérie. Les convulsionnaires furent bientôt si nombreux que le pouvoir royal prit une ordonnance pour fermer la porte du petit cimetière de la paroisse. Le remède fut pire que le mal, les convulsionnaires devinrent de plus en plus nombreux et il en apparut même en province, où la terre prélevée à proximité de la tombe du diacre les suscitait et obtenait les plus

137 Charcot J.-M., Richer Paul, *Op. cit.*, 56-57.
138 Charcot J.-M., Richer Paul, *Op. cit.*, 61.

merveilleuses guérisons à l'instar de précieuses reliques. La polémique entre Jansénistes et Jésuites entretenait cette véritable épidémie convulsive qui persistait encore en 1760[139].

Au terme de leur étude historique, troublante car elle confirmait une sorte de pérennité des symptômes de l'hystérie au cours du temps, Charcot et Richer replaçaient le lecteur à son époque et lui proposaient une description sommaire de la grande névrose telle qu'ils l'observaient dans leurs services hospitaliers. On y trouvait décrites et surtout dessinées par Richer les attitudes grotesques ou effrayantes adoptées par les malades au cours de la seconde phase de la deuxième période de l'*hysteria major*. La première phase était relativement calme puisqu'elle ne comportait qu'une immobilisation des membres dans une attitude caricaturale, avec un léger tremblement. Bientôt se manifestaient les contorsions ahurissantes, jambes croisées, bras repliés derrière le dos, mains en pronation, doigts croisés, repliés, étendus ou écartés, corps agités de soubresauts, faciès grimaçant, yeux exorbités, bouches béantes, langue pendante. A cela s'ajoutait une fureur qui poussait le sujet à se mordre, à lacérer son visage et sa poitrine avec ses ongles, à s'arracher les cheveux, hurlant de douleur, vociférant de rage ! Charcot et Richer ajoutaient ce commentaire qui donnait une idée de l'ambiance qui pouvait régner dans le service où se déroulait l'événement : *En résumé, on voit que ces sortes d'attaques sont particulièrement caractérisées par la prédominance de la contracture douloureuse, par le développement des attitudes illogiques ou contorsions, qui leur donne l'aspect effrayant des anciens possédés ; enfin par la persistance de la douleur, dont l'acuité ramène promptement la connaissance, et en arrachant des cris affreux à la malade, imprime à toute l'attaque un cachet de souffrance tellement horrible que les assistants, même les plus habitués, ne peuvent se défendre d'une pénible émotion*[140].

A cette première étape de la deuxième période de l'attaque complète, succédait la phase des grands mouvements dite attaque de clownisme, caractérisée par des culbutes en avant et en arrière, la tête se rapprochant du bassin ou au contraire les membres supérieurs étant projetés en l'air et gigotant, la tête restant

[139] Charcot J.-M., Richer Paul, *Op. cit.*, 78-90.
[140] Charcot J.-M., Richer Paul, *Op. cit.*, 105.

appuyée sur le lit, la malade grognant, riant, sans prononcer une parole[141].

Une autre variété d'attaque, celle-ci par modification de la troisième période de la grande attaque complète correspondait aux attitudes passionnelles. Ces postures pouvaient se succéder dans un court laps de temps et se traduisaient souvent par l'attitude dite d'extase qui n'était pas spécifique de l'hystérie. Les signes qui permettaient de la rattacher à cette névrose étaient la constriction pharyngienne, les phénomènes épileptoïdes a minima, les contorsions, les anesthésies ou les anomalies de la perception des couleurs entre les crises[142].

Le délire pouvait occuper à lui seul la totalité de la quatrième période de la grande hystérie, *il est souvent religieux, les patientes mettent volontiers de bons ou de mauvais génies derrière leurs visions agréables ou désagréables. Quelquefois elles se croient transportées dans un monde imaginaire avec un prince charmant : les idées érotiques s'y mêlent alors souvent*[143].

L'attaque de contractures, toujours rattachée à la quatrième période selon Richer, débutait à n'importe quel membre puis s'étendait à tout le corps, immobilisant le malade dans diverses positions : opisthotonos, emprosthotonos, extension, crucifixion. L'intensité de la contracture allait de la simple exagération des réflexes ostéotendineux à la rigidité la plus totale, tout comme les anomalies sensitives allaient de l'anesthésie à l'hyperesthésie. La conscience restait intacte.

Pour Briquet, l'attaque spontanée de léthargie comprenait trois stades : sommeil, coma et léthargie. Richer compliquait cette nomenclature en ramenant tout à la léthargie qu'il divisait en attaque de léthargie simple, léthargie avec mort apparente, léthargie compliquée soit de contracture, soit de catalepsie. La léthargie simple, dite attaque de sommeil de Briquet, survenait tantôt inopinément, tantôt après des prodromes à type de tristesse, d'irritabilité ou au contraire de gaîté immotivée, de rires irrépressibles, de difficultés à parler, de gaucherie, de somnolences de plus en plus difficiles à vaincre. Puis les paupières se fermaient, le corps alternativement souple puis rigide présentait des secous-

---

[141] Charcot, *O.C.*, **3**, 234-235.
[142] Charcot J.-M., Richer Paul, *Op. cit.*, 107.
[143] Grasset J., *Traité pratique des maladies du système nerveux*, Montpellier, 1881, 958.

ses, les stimuli ne l'affectaient plus. En ouvrant les paupières de force on constatait que le globe oculaire présentait un nystagmus et que la pupille était en mydriase. Lorsque cet état se prolongeait, on avait recours à l'alimentation par sonde oesophagienne. L'examen clinique montrait un pouls régulier à 80, 90, une respiration normale, *une température vaginale élevée de quelques dixièmes au-dessus du chiffre normal*[144]. D'une manière générale, la température était augmentée dans les accès hystéro-épileptiques et ne subissait aucune modification dans les attaques d'hystérie pure[145]. Le réveil était tantôt marqué par une attaque convulsive, tantôt par des rires, des pleurs ou de l'excitation. A un degré au-dessus de cette léthargie simple, se situait la léthargie avec coma. La crise était quelquefois précédée d'un épisode convulsif. Le malade devenait indifférent à toute stimulation, si violente fût-elle, et il présentait de petits mouvements épileptoïdes au niveau du visage et des yeux. Au réveil, il était absent ou frénétique, et toujours courbatu, atteint d'une grande fatigue. La forme la plus sévère de léthargie, c'était la mort apparente avec son risque d'inhumation prématurée. La léthargie, enfin, pouvait se compliquer de contracture comme chez cette malade qui entendait les questions et y répondait, mais présentait une contracture généralisée, les bras croisés et les mains jointes dans le dos, les membres inférieurs en extension, et une insensibilité générale. Elle pouvait aussi se compliquer de catalepsie. Voici comment Richer la décrivait : *La malade présente l'attitude du sommeil. Les yeux sont fermés, les paupières clignotantes. Souvent, contracture partielle ou rigidité générale. Le membre garde peu la position dans laquelle on le place, ou bien on est obligé de le maintenir quelques instants avant de l'abandonner à lui-même. La catalepsie est souvent partielle. Enfin, les frictions amènent la résolution musculaire*[146]. Il rattachait le somnambulisme aux formes cliniques de la névrose hystérique, individualisant les cas où il s'identifiait aux attitudes passionnelles, ceux au cours desquels il n'était associé qu'à quelques manifestations hystériques

---

[144] Grasset J., *Op. cit.*, 297.

[145] Huchard H., *Etudes cliniques et thermométriques sur les maladies du système nerveux par M. Bourneville* ..., Revue des sciences médicales en France et à l'étranger, 1873, **1**, 660.

[146] Grasset J., *Op. cit.*, 300.

et ceux, enfin, au cours desquels ces épisodes se surajoutaient à d'autres symptômes hystériques indépendamment d'eux.

Traitements de l'hystérie par l'Ecole de la Salpêtrière

Le traitement général

Il était hygiénique et médical.

Le traitement hygiénique était avant tout pédagogique. Comme cette maladie était héréditaire, il était évident que la progéniture d'une mère hystérique aurait, en ce qui concernait les filles, toutes les chances de le devenir à son tour. Il fallait donc soustraire les adolescentes à l'influence de leurs mères dont elles ne manqueraient pas d'imiter les comportements névrotiques. Le choix d'un pensionnat éloigné des grandes cités devait donc être conseillé. Il fallait éviter les lectures trop romanesques ou féeriques, l'étude du piano et de l'orgue, ce dernier instrument étant particulièrement nocif car il mobilisait les membres supérieurs et inférieurs et émettait des stridulations certes harmonieuses mais trop pénétrantes. Une fois isolées de leurs familles, les malades devaient être soumises à une stricte discipline et à des règles morales et intellectuelles très rigoureuses. La gymnastique, l'équitation, la natation complétaient cette éducation *forte, virile et sévère.* Dans l'anorexie, certains auteurs recommandaient l'exercice musculaire intense, associé aux massages, à l'électricité et à la suralimentation[147]. Le massage jouait également un rôle curateur.

Le traitement médical associait les bains, l'hydrothérapie et les médicaments.

Chaude, l'eau du bain était additionnée de plantes aromatiques comme le tilleul ou la valériane. Le bain devait durer au minimum une heure et l'eau devait rester à une température constante. Ses effets thérapeutiques étaient consécutifs à l'inhalation des essences aromatiques qu'il contenait. L'hydrothérapie comportait des douches à jet brisé et d'eau tiède au début dont on diminuait graduellement la température pour donner enfin des douches froides, ou alternativement froides ou tièdes, après une période d'accoutumance. La durée de la douche n'excédait jamais

[147] Paul Garnier : Mitchell Weir, *Du traitement méthodique de la neurasthénie et de quelques formes d'hystérie*, Paris, 1883, Revue des sciences médicales, **23**, 1884, 114-115.

trente secondes. Charcot, qui attribuait la même importance à l'hydrothérapie qu'aux bromures dans le traitement de l'hystérie, insistait sur la nécessité de séparer le malade de son environnement familial et de le confier à des établissements où ces soins étaient pratiqués avec compétence et ménagement. Les eaux thermales elles-mêmes, peu minéralisées, jouaient un faible rôle. Certaines stations étaient recommandées comme Néris ou Bagnères-de-Bigorre, particulièrement sédative, ou Lamalou-les-Bains qui avait la préférence de Charcot.

Parmi les médicaments, on utilisait la racine de valériane en infusion ou sous forme de valérianate d'ammoniaque. Mais c'était surtout le bromure de potassium qui avait la préférence de Charcot qui préconisait des solutions poly-bromurées dans les manifestations convulsives et spasmodiques de l'hystérie. L'opium sous forme de laudanum était réservé aux formes dépressives de la maladie, car ses propriétés excitantes le contre-indiquaient dans les formes expansives. L'inconvénient majeur des opiacés était le risque de morphinomanie. On donnait également des toniques et des reconstituants, le chlorure d'or. François Louis Isidore Valleix (1807-1855) à la suite de P. Frédéric Nepple (1787-1847)[148], proposait l'inspiration de l'acide carbonique, prémonition du traitement plus contemporain de la spasmophilie et de l'hypocapnie[149] causée par l'accélération extrême du rythme respiratoire, jusqu'à 100 par minute[150]. Janet devait attirer l'attention sur les modifications des taux sanguins d'oxygène et de gaz carbonique provoquées par les changements du rythme respiratoire et enregistrer des courbes correspondant à des phases d'apnée entrecoupées de périodes de polypnée[151].

Noël Gueneau de Mussy (1813-1885) privilégiait l'effet placebo et administrait à ses hystériques des pilules de *mica panis* (mie de pain) aux noms ronflants comme pilule double fulminante, pilule panchymagogue, pilule stupéfiante, prescriptions

---

[148] Valleix, François Louis Isidore, *Guide du médecin praticien ou résumé général de pathologie interne et de thérapeutique appliquées*, Paris, 1847, **9**, 684.

[149] Diminution de la pression partielle du dioxyde de carbone dans le sang provoquée notamment par une hyperventilation. Celle-ci peut être pratiquée volontairement pour amener un état de transe.

[150] Woillez E.J., *Dictionnaire de diagnostic médical*, Paris, 1862, 480.

[151] Janet P., *L'état mental des hystériques. Etudes sur divers symptômes hystériques*, Paris, 1931, **3**, 34.

auxquelles il associait une mise en scène attestant de l'efficacité du traitement et de son utilisation comme ultime recours[152]. De nombreuses observations attestaient de l'efficacité de ces préparations qui n'agissaient que sur l'imagination mais effaçaient chez les névropathes les symptômes les plus impressionnants.

Charcot avait sorti de l'oubli l'emploi de l'électricité statique[153] préconisée dans les paralysies, à la fin du XVIIIème siècle par Pierre-Jean-Claude Mauduyt (1733-1792). A l'aide de sa machine, il utilisait des bains électrostatiques pour faire disparaître chez ses hystériques les troubles de la sensibilité cutanée ou de la perception des couleurs. On parlait alors de franklinisation. Il pouvait traiter par cette méthode jusqu'à cinquante malades par séance[154]. L'amélioration était plus ou moins durable et, quelquefois, définitive. L'*expectant attention*, autrement dit l'effet placebo, était exclus *car le retour à la sensibilité ne se produit pas alors qu'à l'insu du patient la machine en action n'est pas mise en communication avec le tabouret*[155]. Il donnait une description précise de cette machine[156] constituée d'un plateau circulaire de verre montée en parallèle avec un plateau en caoutchouc durci, tous deux mus d'un mouvement circulaire par un moteur à gaz. Le frottement sur des coussinets produisait de l'électricité positive recueillie par un peigne en contact avec le plateau de caoutchouc, et déchargée dans le sol, et de l'électricité négative dégagée par le plateau de verre et utilisée pour le bain thérapeutique[157]. *Les malades sont placés sur des tabourets mis en rapport avec la machine et comme plongés dans un bain électrique ; ou bien, à l'aide des excitateurs, on localise la décharge à une distance de quinze à vingt centimètres de la peau. Le malade éprouve alors la sensation d'un courant d'air frais, c'est le vent électrique. A six ou huit centimètres, la sensation plus vive est celle de piqûres multiples ; c'est l'aigrette. A une distance plus faible encore on obtient l'étincelle ; celle-ci dans certains cas de paralysie spinale, a déterminé l'action de certains muscles qui ne*

---

[152] Gueneau de Mussy N., *Clinique Médicale*, 1874, **1**, 131-132.
[153] Charcot J.-M., *O.C.*, Paris, 1890, **9**, 497.
[154] Mauduyt, *Mémoire sur le traitement électrique administré à quatre-vingt-deux malades*, in Histoire de la Société Royale de Médecine, Paris, 1780, **2**, 199-455.
[155] Charcot J.-M., *O.C.*, **9**, 498.
[156] Machine de Holtz-Carré.
[157] Charcot J.-M., *O.C.*, **9**, 490.

réagissaient pas sous l'influence de l'électrisation faradique[158]. On employait aussi la bouteille de Leyde ou la bobine d'induction pour infliger au malade un choc électrique.

On avait proposé l'ovariectomie. Alfred Hegar (1830-1914) publiait, en 1882, les résultats de trente-deux ovariectomies dont quatorze effectuées chez des hystériques suivies de guérison dans dix cas et d'amélioration dans quatre[159]. Felix Terrier (1837-1908) dans une communication faite à la Société de Chirurgie en 1885 présentait l'observation d'une femme hystérique chez laquelle il avait pratiqué une première ovariectomie en février 1884 puis une seconde en février 1885 avec l'espoir que l'aménorrhée consécutive à cette castration soit *une chance de plus pour que ces attaques ne se reproduisent pas*[160].

Le traitement de la crise

La compression manuelle de la région de l'ovaire se pratiquait en étendant la malade sur un lit résistant et peu élevé, le médecin comprimant la fosse iliaque avec son poing fermé, le bras bien perpendiculaire. Certains s'asseyaient carrément sur l'abdomen de la patiente. Enfin, on utilisait aussi le compresseur ovarien, déjà mentionné, outil basique de l'arsenal thérapeutique de l'attaque elle-même. C'était souvent un bandage herniaire terminé par une pelote conique qui s'appliquait sur l'ovaire incriminé. Leur efficacité chez les hystériques de sexe mâle laissait planer un sérieux doute sur leur action au niveau des ovaires ... Charcot avait tourné la difficulté en désignant les zones hystérogènes de l'homme au niveau de l'abdomen sous le nom de *points pseudo-ovariens des hystériques mâles*[161]. Les courants continus de faible intensité diminuaient la durée de l'attaque. On posait une électrode sur le front du malade et l'autre en un point quelconque du corps. L'inversion de la polarité faisait cesser instantanément la crise[162].

---

[158]Leroux H. : Ballet, *De l'électricité statique particulièrement dans ses applications au traitement de l'hystérie*, (Progrès médical, 23-30 avril 1881), Revue des sciences médicales ..., **18**, 1881, 498-499.

[159] De Brinon H. : G. Schmallfuss, *Zur Castration bei Neurosen*, Revue des sciences médicales ..., **27**, 1886, 573.

[160] Terrier, *Douleurs ovariennes ; crises d'hystérie ; opération de Battey ; guérison*. Revue des sciences médicales ..., **27**, 1886, 574.

[161] Guinon Georges, *Op. cit.*, 207.

[162] Dujardin-Beaumetz, *Leçons de clinique thérapeutique*, Paris, 1891, **3**, 175.

La camisole enfin était indispensable afin que les malades qui la passaient parfois d'elles-mêmes quand elles sentaient venir l'accès, ne puissent se blesser.

Les contractures disparaissaient par massage, hydrothérapie ou compression par enroulement autour du membre d'une bande élastique d'Esmarch. La paralysie était parfois guérie par l'électricité, l'hydrothérapie, la suggestion. L'anesthésie, par l'électricité statique, l'application des aimants, la suggestion, mais souvent de façon transitoire. L'anorexie était traitée par le gavage et l'électricité. Les troubles de la vision réagissaient favorablement aux applications métalliques.

L'hypnose

En 1778, un médecin viennois, Franz Anton Mesmer (1734-1815) arrivait à Paris. Actif, plein d'entregent, intéressé, il apportait une doctrine qui prétendait que tout être était imprégné d'un fluide universel originaire des corps célestes, et que la santé ou la maladie dépendait de la quantité et de la répartition de ce fluide dans l'organisme. Il avait développé ces spéculations fortement inspirées des vieilles théories hermétiques de Paracelse (1493-1541), dans sa thèse de doctorat intitulée *De l'influence des planètes sur le genre humain* soutenue en 1766. Tout individu pénétré de ce fluide pouvait le faire passer non seulement dans le corps d'un autre individu mais aussi dans de l'eau, du bois, du verre ou du métal. En pratique, il fallait qu'un opérateur fasse passer son fluide dans le corps de son malade. Pour cela, il s'asseyait, le dos tourné au nord, face à son malade, leurs genoux se touchant, leurs regards ne se quittant pas, ses mains au niveau des hypocondres. Le fluide prédominant du magnétiseur passait par ce contact dans le corps du magnétisé qu'il fortifiait en s'y répandant et dont il guérissait les troubles. Les résultats obtenus étaient souvent spectaculaires : certains sujets, après avoir éprouvé une pesanteur épigastrique, une sensation de resserrement aux tempes, un malaise général, suffoquaient, renversaient la tête en arrière, poussaient des cris, entraient parfois en convulsion. L'opérateur prodiguait des paroles apaisantes, tout rentrait dans l'ordre et les malades repartaient guéris. Le succès ne tarda pas et sous l'effet du bouche-à-oreille, les clients affluèrent au point de dépasser les capacités du seul Mesmer. Il fallait donc qu'il trouvât le moyen de magnétiser plusieurs personnes à la fois. Il inventa alors le célèbre baquet. Dans un vaste local sans fenêtre, faiblement éclairé, il disposa une caisse circulaire en bois mesurant six pieds de large sur un pied et demi de haut[163]. Le baquet était rempli d'eau et d'un mélange de limaille de fer et de verre pilé sur lequel étaient installées des bouteilles savamment disposés. Du couvercle percé d'orifices qui recouvrait le baquet, sortaient des tiges de fer qui plongeaient dans le liquide et dont l'autre extrémité recourbée pouvait s'appliquer sur les malades disposés en rang d'oignon autour du baquet, reliés entre eux par une corde qui assurait une distribution équitable du fluide. Un piano-forte jouait diverses musiques dont le vibrato améliorait la diffusion de l'effluve magnétique. Mesmer intervenait quelquefois personnellement quand les effets tardaient à se manifester. Il touchait avec une baguette le moyeu du bac ou directement le malade qui manifestait fréquemment tous les symptômes d'une crise d'hystérie que le maître calmait avant de le renvoyer guéri. La commission d'enquête missionnée par l'Académie des sciences n'avait pas découvert le moindre champ magnétique dans l'ingénieuse installation de Mesmer qui objectait que le magnétisme animal n'était pas de même nature que le magnétisme minéral cherché par les experts ! Attribuant les phénomènes constatés chez les magnétisés à des manifestations purement nerveuses, ceux-ci déclarèrent dans un rapport daté du 11 août 1784 à l'inexistence du magnétisme animal, à l'absence de ses pouvoirs thérapeutiques et à la dangerosité de ses applications pour l'équilibre mental de ceux qui y étaient soumis. Discrédité et bien vite démodé, Mesmer quitta Paris en emportant, dit-on, un joli magot, fruit des sommes extorquées à un public trop crédule. Un de ses émules, Armand Marie Chastenet de Puységur (1751-1825) pratiquait à la même époque la *mesmérisation* et obtenait chez un jeune villageois un sommeil hypnotique au cours duquel le malade parla, chanta, reconnut les objets qu'on lui présentait. Il renouvela ces expériences à grande échelle en reliant ses patients à un arbre qu'il avait préalablement magnétisé par une corde que ceux-ci tenaient dans leurs mains. On parla dès lors de somnambulisme magnétique, état dans lequel les malades diagnostiquaient leur mal et en indiquaient la thérapeutique. José

---

[163] Un pied correspond à environ 33 cm ce qui donne un baquet de 2 mètres de diamètre sur 50 cm de haut.

Custodio de Faria (1756-1819), l'abbé Faria qui inspirera à Dumas le personnage du prisonnier du château d'If, compagnon d'Edmond Dantès dans *le Comte de Monte Cristo*, fut le premier à nier l'existence du fluide magnétique et à montrer que la cause du somnambulisme ne résidait pas dans la personne de l'opérateur, mais devait être recherchée dans le sujet lui-même. Les passes étaient superflues et il suffisait de dire : Dormez, pour voir l'hypnotisé sombrer dans le sommeil lucide. On pouvait dès lors lui suggérer des hallucinations, lui faire prendre de l'eau plate pour du champagne, par exemple. Lassée de constituer inutilement des commissions d'expert pour juger de la validité scientifique des expériences des magnétiseurs, l'Académie de Médecine décida, en 1840, de ne plus donner suite aux communications sur ce sujet.

Déconsidérée et un peu oubliée, l'hypnose allait être réhabilitée par un chirurgien écossais, James Braid (1795-1860). Ayant assisté aux expériences du magnétiseur Charles Lafontaine, qu'il considérait comme un charlatan, il remarqua que certains phénomènes échappaient à la volonté de l'opérateur et du sujet. Il avait observé chez ce dernier la perte de la connaissance et de la volonté, l'anesthésie cutanée et, avec une moindre fréquence, une rigidité musculaire, une respiration difficile et une accélération du pouls. Il notait que l'expérimentateur ou tout autre personne pouvait par simple suggestion verbale faire naître dans leur esprit toutes les impressions qu'on voulait. Il donnait la description d'une catalepsie obtenue en soumettant le sujet à hypnotiser à la contemplation persistante d'un objet brillant placé un peu au-dessus de ses yeux de façon à provoquer un strabisme convergent. Il constatait un certain nombre de phénomènes qui devaient être explorés par Charcot chez le sujet hypnotisé, telle la contraction des muscles à la suite d'une excitation cutanée et l'apparition de la triade : *léthargie, catalepsie, somnambulisme*[164]. Pour faire cesser le sommeil nerveux, il suffisait de frapper dans ses mains ou de lui souffler au visage. Il publia le résultat de ses recherches dans un livre imprimé à Londres en 1843, intitulé *Neurohypnology ; or the rationale of the nervous sleep, considered in relation with animal magnetism. Illustrated*

[164] Richer P., Gilles de la Tourette, article Hypnotisme, *Dictionnaire encyclopédique des sciences médicales*, S.4, **15**, 68.

by numerous cases of its successful application in the relief and cure of disease. Ambroise Auguste Liébeault (1823-1904), co-fondateur avec Bernheim de l'Ecole de Nancy, inspiré par les idées de Braid, fut un pionnier de l'introduction du magnétisme en France. Il obtenait l'hypnotisation du sujet en le fixant et en immobilisant son regard dans le sien, en même temps qu'il lui suggérait de dormir et de guérir. Quand les paupières devenaient lourdes, il les abaissait avec le pouce puis continuait ses suggestions : *dormez* ![165] Liébault reconnaissait qu'il endormait plus aisément les gens habitués à obéir comme les ouvriers, les paysans, les anciens militaires et les enfants. Il expliquait le sommeil hypnotique par l'attention exclusive portée par le sujet sur une seule idée : dormir. Cet envahissement du cerveau par cette *idée imposée* le rendait inerte ce qui entraînait un arrêt de l'activité mentale et une *résolution complète*[166] des muscles. Il disait obtenir par suggestion pendant le sommeil de ses malades la disparition de leur fatigue ou de leurs douleurs[167]. Ce phénomène dépendait d'un double mécanisme réparateur, d'une part celui de la pensée *insciente*, ou inconsciente, qui régit la nutrition et lui fait élaborer de nouvelles forces, d'autre part, la pensée consciente qui, en se fixant dans le cerveau, épargne de nouvelles pertes de cette même force[168]. L'inconscient pour lui représentait les forces végétatives, le conscient, la vie de relation. Le sommeil agissait tout à la fois comme agent de sédation, d'excitation et de pondération. *Sous l'action magique de la pensée, le corps se modifie comme une cire molle ; il est l'esclave, elle est la maîtresse*[169]. Ses réflexions n'étaient pas dépourvues de naïveté notamment lorsqu'il accréditait l'idée, admise à son époque, de la transmission héréditaire des caractères acquis et qu'il appuyait sa démonstration en citant l'exemple de juifs naissant circoncis[170]. Il affirmait aussi que la pensée consciente du père et de la mère pouvait modifier la santé, le caractère, les aptitudes de l'enfant à naître. C'était du pur spiritualisme et l'on était très loin des conceptions positivistes de Charcot et de ses élèves. Mais on

[165] Liébeault H.H., *Le sommeil provoqué et les états analogues*, Paris, 1889, 286.
[166] Liébeault H.H., *Op. cit.*, 50, 42.
[167] Liébeault H.H., *Op. cit.*, 188.
[168] Liébeault H.H., *Op. cit.*, 191.
[169] Liébeault H.H., *Op. cit.*, 190.
[170] Liébeault H.H., *Op. cit.*, 169.

comprend l'adhésion de Freud à l'Ecole Nancéenne qui satisfaisait mieux chez lui le médecin et le philosophe.

La démarche de Charcot vis-à-vis de l'hypnotisme se voulait scientifique : il espérait avoir trouvé l'outil qui lui permettrait de faire intervenir l'expérimentation dans l'étude d'une affection mentale[171]. Claude Bernard ne disait-il pas : *Le fait que doit constater l'expérimentateur ne s'étant pas présenté naturellement à lui, il a dû le faire apparaître, c'est-à-dire le provoquer par une raison particulière et dans un but déterminé. L'expérience n'est au fond qu'une observation provoquée dans un but quelconque*[172]... Dans un article publié avec Richer dans les Archives de Neurologie en 1884, il établissait que l'hyperexcitabilité neuromusculaire obtenue sous hypnose était un phénomène de nature réflexe, qu'il résultait d'une modification spéciale des centres nerveux et que ce sont les nerfs sensitifs de la peau qui représentaient la voie centripète de l'arc réflexe[173]. Dès 1878, il donnait à la Salpêtrière des leçons mémorables qui relancèrent l'intérêt pour les études hypnotiques, une des manifestations les plus spectaculaires de ce renouveau étant la publication par Bourneville et Regnard du troisième volume de l'*Iconographie photographique de la Salpêtrière,* presque entièrement consacré à l'hypnotisme. Il était clair qu'il considérait le *grand hypnotisme* comme consubstantiel à l'hystérie et se traduisant constamment par des manifestations somatiques stables. Tout au contraire, Hippolyte Bernheim (1840-1919), qui rejetait le grand hypnotisme avec ses trois stades de modifications somatiques, pensait qu'on pouvait obtenir le sommeil hypnotique chez n'importe quel individu : *Rien n'est moins vrai que cette assertion : les hystériques seules sont hypnotisables.* Il était également persuadé que l'hypnose n'était pas le révélateur de l'hystérie mais traduisait tout simplement un endormissement. Le psychiatre suisse Auguste Forel (1848-1931) partageait ce point de vue : *C'est avec le cerveau qu'on opère pour réaliser des phénomènes hypnotiques, et les cerveaux sont d'autant plus faciles à impres-*

[171] Charcot, *Leçons sur les maladies du système nerveux faites à la Salpêtrière*, Paris, 1887, **3**, 336.

[172] Claude Bernard, *Introduction à l'étude de la médecine expérimentale*, Paris, 1865, 36.

[173] Paul Garnier : Charcot, Richer, *Contribution à l'étude de l'hypnotisme chez les hystériques ; du phénomène de l'hyperexcitabilité neuro-musculaire*, Arch. de neurol. N° 5, 6, 7, 8, 9 et 15, 1884), Revue des sciences médicales ..., **25**, 1885, 18.

sionner qu'ils sont plus sains[174]. Du reste, Freud allait bientôt renoncer à cet artifice. En somme, alors que Charcot estimait que l'hypnose était la seule clef pour accéder au subconscient[175] des hystériques, Bernheim affirmait que c'était un passe-partout et Freud suggérait de laisser le patient ouvrir la porte de l'intérieur.

Dans sa communication du 13 février 1882 à l'Académie des Sciences, Charcot décrivait les *divers états nerveux déterminés par l'hypnotisme chez les hystériques*[176] : l'état cataleptique, l'état léthargique et l'état somnambulique. De quelle façon produisait-on l'état cataleptique ? Par une stimulation sonore intense et imprévue, par une lumière forte et soudaine, par la fixation du regard sur un objet indéterminé. Le sujet gardait alors les yeux ouverts, le regard devenait fixe, pas un trait du visage ne bougeait, le corps inerte, les membres gardaient la position qu'on leur avait donnée. Les téguments externes étaient insensibles et l'on pouvait les pincer, les piquer, les brûler. Au bout d'un certain temps, le membre se paralysait avec abolition des réflexes ostéotendineux et de la sensibilité mais conservation des fonctions sensorielles rendant le malade accessible à la suggestion qui pouvait susciter des hallucinations ou des impulsions automatiques. Cet état pouvait persister très longtemps. Pour le faire cesser, il suffisait d'abaisser doucement les paupières du sujet. L'immobilité cataleptique se dissipait alors et laissait la place à des postures en relation avec les hallucinations ou les impulsions inspirées au malade.

L'état léthargie était provoqué d'emblée par la pression des globes oculaires ou la fixation prolongée d'un objet placé à distance. Quand on désirait passer de l'état cataleptique à l'état léthargique, il suffisait d'appuyer sur les yeux clos. Dès lors, la respiration, caractérisée par une ample inspiration, faisait entendre un bruit laryngé particulier. Yeux clos ou mi-clos, globes oculaires révulsés, paupières frémissantes, le malade était affais-

---

[174] Bernheim H., *Op. cit.*, 166.

[175] Selon Janet, le subconscient désignait un phénomène psychique actuel et qui participait à l'ensemble de l'état d'esprit d'un individu à un moment donné. Pris isolément, il n'était pas clairement perçu ou bien échappait totalement à la conscience, comme un souvenir qui se dérobait puis finissait par émerger de la mémoire à force de l'évoquer volontairement. Freud devait rapidement abandonner ce terme au profit de celui d'inconscient qu'il définissait par ses contenus refoulés privés d'accès au système préconscient-conscient en raison de la barrière dressée par l'action du refoulement.

[176] Richer P., Gilles de la Tourette, *Op. cit.*, S.4, **15**, 70.

sé, les membres retombaient quand on les soulevait, les réflexes ostéotendineux étaient exagérés, tous les muscles étaient contractés mais se détendaient si on les frictionnait. Charcot considérait l'hyperexcitabilité musculaire comme le signe le plus caractéristique de l'état léthargique. C'était à ce stade que si l'on malaxait, percutait ou tiraillait le muscle ou son tendon, on obtenait une contracture semblable à la contracture hystérique à son degré le plus fort. Fait plus étonnant encore, cette contracture s'obtenait encore plus aisément en exerçant une pression sur un tronc nerveux moteur : le nerf cubital comprimé dans sa gouttière épitrochléenne faisait apparaître la griffe cubitale essentiellement caractérisée par la flexion des deux derniers doigts ; la compression du nerf médian déterminait la griffe médiane, flexions de tous les doigts avec opposition du pouce ; la compression du nerf radial au sortir de la gouttière de l'humérus produisait la griffe radiale avec, notamment, la flexion des premières phalanges. Ces tests permettaient à Charcot de démasquer les simulateurs. L'application d'un aimant sur le membre où siégeait la contracture la faisait disparaître mais elle passait de l'autre côté. Les téguments et les muqueuses étaient insensibles, les sens abolis, rendant inutile toute tentative de suggestion. Les mouvements respiratoires, étudiés au moyen du pneumographe de Marey[177], devenaient amples et fréquents. Le souffle sur le visage, la pression ovarienne provoquaient le réveil. L'élévation des paupières ramenait l'état cataleptique. La pression sur le vertex faisait apparaître l'état somnambulique.

Celui-ci ne correspondait pas exactement à ce qu'on appelait autrefois le sommeil magnétique. Pour l'obtenir du premier coup, il fallait soumettre l'individu à une stimulation sensorielle faible, répétitive, uniforme : le tic tac d'une montre. Les yeux étaient fermés, les paupières immobiles ou animées de faibles

---

[177] Il était constitué d'une capsule pneumatique, sorte de minuscule tambour fermé par une membrane et relié par un tube de caoutchouc à un autre tambour enregistreur à levier. Un lien circulaire permettait de fixer le dispositif enregistreur autour du thorax. A la surface de la membrane du tambour était fixé un levier articulé, une bielle, qui transmettait tout mouvement des branches métalliques auxquelles était attachée la ceinture thoracique. Toute variation due à l'expansion du thorax provoquait un écartement de ces branches, et par le jeu de la bielle, un mouvement de dilatation de la membrane de la capsule exploratrice qui répercutait la variation de pression par l'intermédiaire du tuyau de caoutchouc qui la reliait au tambour à levier. Un cylindre tournant recouvert d'une feuille de papier noircie au noir de fumée recueillait la courbe que transcrivait le stylet du tambour à levier.

mouvements. La relaxation musculaire était partielle, le malade n'était pas affaissé comme précédemment. La peau et les muqueuses présentaient une anesthésie totale et une hyperesthésie partielle. Les fonctions sensorielles n'étaient pas abolies, mais présentaient parfois une hypersensibilité. La stimulation cutanée, même faible, déclenchait une contracture musculaire qui disparaissait par la même infime stimulation. Ce qui frappait le plus c'était la privation de volonté du sujet qui n'exécutait que les ordres venant du magnétiseur. On pouvait enjoindre ou suggérer des impulsions automatiques ou des hallucinations. Selon Charles Féré (1852-1907) ce n'était pas des hallucinations mais des illusions. Ainsi, s'il présentait une feuille de papier blanc au malade en lui suggérant qu'il y avait sur cette feuille un carré rouge, il le voyait instantanément, mais si on troublait la convergence en appuyant sur les globes oculaires, il en voyait deux. De même si l'on suggérait le vol d'un oiseau, le malade suivait la trajectoire comme si elle existait vraiment et la pupille se rétrécissait quand il s'approchait, se dilatait quand il s'éloignait. La pression sur les globes oculaires ramenait la léthargie. Ces expériences ne devaient pas durer trop longtemps sous peine de déclencher une nouvelle crise. Pour tirer le sujet de son sommeil hypnotique, il suffisait de souffler sur le visage, ou d'exercer la pression ovarienne. Il ne gardait aucun souvenir de ce qui s'était déroulé.

Pour Charcot, le *petit hypnotisme*[178] était caractérisé par l'absence d'hyperexcitabilité neuro-musculaire, pierre angulaire du grand hypnotisme : c'était un point crucial pour les neurologues de l'époque car, s'il était possible pour n'importe quelle personne de simuler un phénomène psychique, il était en revanche difficile pour qui n'était pas médecin de simuler la contracture d'un muscle en comprimant le nerf qui l'innervait précisément. On pensait à l'époque que le petit hypnotisme concernait essentiellement des névropathes et que l'hystérie y prédominait. La fixation du regard, la tête renversée en hyperextension déterminaient l'état de fascination. De simples affirmations provoquaient un état léthargo-somnambulique au cours duquel le sujet pouvait être suggestionné tout en conservant ses souvenirs au réveil. En somme, le petit hypnotisme était une forme incomplète

[178] Richer P., Gilles de la Tourette, *Op. cit.*, S.4, **15**, 116.

du grand hypnotisme. Deux états caractérisaient ce phénomène : la léthargie lucide et l'état de charme ou de fascination. Dans la léthargie lucide, la résolution musculaire immobilisait le sujet qui perdait également sa sensibilité mais conservait suffisamment de conscience pour se souvenir de ce qui s'était passé. L'état de charme ou de fascination pouvait apparaître après une émotion violente provoquée par l'hypnotiseur. Il était défini par l'impossibilité pour le sujet de résister à la suggestion, tout en gardant le souvenir des évènements qui avaient eu lieu pendant l'hypnose.

Selon Charcot, il n'y avait qu'une seule indication valable de la thérapeutique par l'hypnose, c'était l'hystérie. Les paralysies, les contractures, les cécités guéries par cette méthode appartenaient à cette pathologie névrotique. L'attaque relevait de ce type de traitement et consistait à plonger le sujet *en imminence d'attaque*[179], dans une hypnose léthargique ou somnambulique et de l'y laisser jusqu'à ce que le risque soit écarté lors du réveil. Il était essentiel d'entreprendre l'hypnose dès les prodromes de l'attaque car, dès l'instant où celle-ci était amorcée, les sujets les plus faciles à hypnotiser habituellement devenaient réfractaires. Il semblait que la répétition des séances, et il fallait préférer la léthargie au somnambulisme, espaçait la fréquence des attaques, les faisant disparaître parfois. Les séances de somnambulisme et de suggestion agissaient également sur les complications de l'hystérie comme les contractures de la langue ou de l'articulation coxo-fémorale et comme les paralysies flasques : ainsi des paraplégiques hystériques flasques allaient récupérer la marche sous l'effet de la suggestion pratiquée au cours de la séance de somnambulisme, quitte à être de nouveau paralysés au réveil. La répétition des séances d'hypnotisme finissait par obtenir la guérison. Les tentatives de traitement par l'hypnotisme de l'aliénation mentale se heurtaient à la difficulté d'endormir les aliénés par l'hypnose. Ou bien fallait-il qu'ils soient eux-mêmes hystériques.

Personne n'avait oublié les opérations effectuées sous hypnose par Jules Cloquet (1790-1883) en 1829. Les espoirs suscités alors n'avaient pas eu de suite et Cloquet, peu d'imitateurs.

---

[179] Richer P., Gilles de la Tourette, *Op. cit.*, S.4, **15**, 121.

En revanche, un chirurgien de la Compagnie des Indes, James Esdaile (1808-1859), convaincu du bien fondé des théories de Braid, avait créé à Calcutta un hôpital, le Mesmeric hospital, où il effectuait des interventions chirurgicales sous hypnose. Il confiait chaque malade à un magnétiseur qui pratiquait des séances d'hypnose jusqu'à l'obtention d'une insensibilité suffisante. Il avait publié ses résultats dans un ouvrage intitulé : *Mesmerism in India ; and its practical application in surgery and medicine*, Londres, 1846. Il y donnait les résultats de soixante-quinze opérations pratiquées de façon totalement indolore. Certains accoucheurs tentèrent d'appliquer l'hypnose lors des accouchements, sans grand succès. A Paris, Broca avait pratiqué des interventions sous hypnose et Eugène Azam (1822-1899) avait fait de même à Bordeaux et devait publier un ouvrage intitulé *Hypnotisme et double conscience* en 1893 dont Charcot avait rédigé la préface.

On soulignait déjà à l'époque de Mesmer les dangers de l'hypnotisme et ce n'était pas sans raison que Bailly, en 1774, dans son rapport sur le magnétisme de Mesmer et les crises convulsives qui se produisaient autour de son baquet, écrivait : *Ces maladies de nerfs lorsqu'elles sont naturelles font les désespoir des médecins ; ce n'est pas à l'art de les produire*. Il faisait remarquer les phénomènes de contagion accompagnant ces manifestations névrotiques et ajoutait : *Le spectacle de ces crises est également dangereux à cause de cette imitation dont la nature semble nous avoir fait une loi et que, par conséquent, tout traitement public où les moyens de magnétisme sont employés ne peut avoir à la longue que des effets funestes*[180]. Au moment où cet article était écrit, un certain nombre de cas identiques s'étaient manifestés au cours de séances de spiritisme. Les romanciers de la fin du XIXème et du début du XXème siècle l'avaient utilisé dans leurs fictions, d'Alexandre Dumas à Georges Feydeau. Mais les médecins se posaient la question de savoir si un individu pouvait se livrer à des actes délictueux que lui aurait suggérés un hypnotiseur. Les tribunaux eurent à juger des actes de viols commis sur des hystériques convulsives. Quant aux crimes inspirés à un somnambule et accompli pendant son sommeil ou après son réveil, s'ils en admettaient le principe, ils en souli-

[180] Richer P., Gilles de la Tourette, *Op. cit.*, S.4, **15**, 124.

gnaient le danger évident pour l'hypnotiseur criminel vite démasqué à travers l'assassin qu'il avait commissionné. De même, s'il s'agissait de vols, il fallait bien que le voleur agissant sous hypnose rapportât les produits de ses larcins à celui qui les avait inspirés.

La métalloscopie et la métallothérapie

Voici comment Charcot devint un adepte de la métalloscopie et de la métallothérapie. Il fallait remonter à 1876. A cette époque, Victor Jean Marie Burq (1822 ?-1884). demanda à Charcot d'expérimenter sa méthode dans son service de la Salpêtrière. Convaincu de la validité des résultats obtenus, Charcot obtint de la Société de Biologie qu'elle nommât une commission dont il devait faire partie avec Victor Alphonse Amédée Domont Pallier (1826-1899) et Luys. Burq, originaire de Rodez, avait créé la métallothérapie basée sur l'action thérapeutique des métaux par voie interne ou externe, l'action de chaque métal dépendant du tempérament de chaque individu. On appliquait donc sur les avant-bras des anneaux, des plaques métalliques, des bracelets en fer, en cuivre, en zinc, en nickel, en argent ou en or, tout particulièrement chez les hystériques. Et tel métal guérissait tel malade et pas un autre : on parlait alors d'idiosyncrasie-fer, cuivre ou or[181]. L'auteur de cette méthode affirmait que le temps viendrait où existeraient des tables de correspondance entre tel métal et tel tempérament permettant de trouver instantanément la panacée correspondant à chaque malade. Il y avait un peu de médecine spagyrique dans la méthode de Burq. Mais cela ne dérangea pas les experts qui jugèrent le procédé valable. En 1889, Domont Pallier présidait le premier Congrès International de l'Hypnotisme au cours duquel il exposa ses travaux sur la métallothérapie, l'hypnotisme et l'hystérie. Jules Bernard Luys (1828-1897) s'était égaré, lui aussi, à cause de l'hystérie, couvrant de son autorité des expériences fantaisistes comme l'action à distance des médicaments ou le stockage de certains processus corticaux dans une couronne aimantée. Il avait pourtant proclamé, à propos des processus nerveux qu'ils relevaient tous de l'activité nerveuse, que la neurologie devait considérer *comme son patrimoine propre ce domaine spécial de la science de l'homme où,*

[181] Dechambre A., article Métallothérapie, *Dictionnaire encyclopédique des sciences médicales*, S.2, **7**, 279-280.

pendant tant de siècles la philosophie spéculative a si longuement et si stérilement péroré[182]. Léon Daudet racontait que son service était rempli de simulatrices qui se gaussaient de lui et que ses collaborateurs participaient à la mystification du patron.

Charcot écrivait en 1878 : *Nous avons établi que certaines malades hystériques sont sensibles les unes aux applications du cuivre, les autres aux applications du fer, de l'or, du zinc, etc. Ce sont là des faits dont je crois pouvoir répondre, dont j'ai témoigné devant MM Dumonpallier et Luys devant la Société de Biologie, et dont, pour une partie, je vous ai rendus témoins vous-mêmes. Ils sont curieux et intéressants au premier chef ; mais ils ne nous ont servi jusqu'à présent qu'au diagnostic de ce que M. Burq appelle l'idiosyncrasie métallique. Il s'agit pour nous maintenant d'aborder le problème de la métallothérapie, c'est-à-dire du traitement par les métaux de l'hystérie grave*[183]. Comme il le précisait à Burq, il voulait bien admettre la validité de ses recherches mais en se tenant éloigné du scepticisme arbitraire et de la crédulité naïve, la *Leichtgläubigkeit* des Allemands. Il expérimenta donc cette thérapeutique sur quelques malades et de fait, un certain nombre d'observations semblait établir l'action d'un métal déterminé appliqué sur la peau des hystériques ou ingéré par elles : modification des troubles de la vision des couleurs, les malades ayant perdu la perception de toutes les couleurs les récupérant dans le même ordre ; découverte du transfert : la suppression de l'anesthésie consécutive à l'application métallique dans une zone donnée correspondait à la perte simultanée de la sensibilité dans la région symétrique, de l'autre côté de la ligne médiane ; l'application d'un métal avec lequel le patient était en état d'idiosyncrasie faisait réapparaître l'anesthésie qui avait disparu ou la faisait apparaître chez les patients prédisposés (diathèse hystérique). On établissait une analogie d'activité entre les courants électriques déterminés par les applications métalliques et ceux produits par une pile. Les barreaux aimantés, les électro-aimants, les solénoïdes, l'électricité statique avaient les mêmes effets.[184]

---

[182] Luys J., *Le cerveau et ses fonctions*, Paris, 1882, X.
[183] Charcot J.-M., *O.C.*, **9**, 243.
[184] Charcot J.-M., *O.C.*, **9**, 215-219.

Le traitement psychologique selon Pierre Janet

Janet rassurait ceux qui craignaient de voir s'établir la confusion entre les aliénés et les hystériques. Il leur faisait remarquer que tous les malades mentaux n'étaient pas des aliénés et il rejetait comme invraisemblable l'objection faite par certains, selon laquelle l'approche psychologique de cette névrose finirait par provoquer l'abandon des recherches anatomiques et physiologiques la concernant[185].

D'autres médecins, dont Edme–Pierre Chauvot de Beauchêne (1748-1824) avaient conseillé le traitement moral des vésanies. Fréquemment, on attribuait des succès thérapeutiques à diverses de ces méthodes parce qu'on les avait appliquées à des hystéries méconnues. Cela ne faisait que confirmer la réussite du traitement psychologique chez ces sujets.

On sait l'importance accordée par Charcot à *l'idée fixe*, cette préoccupation obsédante, envahissante et persistante, appelée par Hippolyte Bernheim (1840-1919) *autosuggestion* et par Paul Julius Moebius (1853-1907), *représentation.* Il ne s'agissait pas pour le malade de programmer dans sa tête telle ou telle symptomatologie, mais d'éprouver un affect[186] toujours identique se traduisant par un accident rattaché à l'émotion causale, restée latente. Janet récusait *certaines théories récentes de l'hystérie, en particulier celle de M. Freud ... selon laquelle toute l'hystérie dépendait d'une excitation sexuelle et d'une obsession génitale.* Il faisait remarquer à juste titre que le sentiment amoureux était la chose la plus commune au monde mais aussi la plus complexe, et qu'on ne pouvait le ramener à la seule copulation. D'autre part, il rappelait surtout *les innombrables hystéries traumatiques déterminées par le souvenir obsédant d'un choc, d'un accident quelconque*[187].

Le traitement de l'hystérie ne devait plus être seulement général, mais local. Autrement dit, il fallait lutter contre

[185] Janet P., *L'état mental des hystériques. Etudes sur divers symptômes hystériques*, Paris, 1931, **3**, 621.

[186] Un affect désignait tout état affectif pénible ou agréable, imprécis ou défini, inopiné ou progressif. Pour Freud, c'était la traduction qualitative d'une quantité donnée d'énergie pulsionnelle. L'autre registre de l'expression de l'affect était la représentation, c'est-à-dire ce qui constituait le contenu réel d'un acte de pensée et particulièrement la représentation d'une perception ancienne.

[187] Janet P., *Op. cit.*, **3**, 629.

l'émotion particulière cause des *accidents actuels*. En admettant, et cela se vérifiait fréquemment, que le traitement général eût fait disparaître les stigmates de l'hystérie, le patient, apparemment guéri, n'en restait pas moins hystérique. Il fallait donc utiliser divers procédés susceptibles d'agir sur l'*idée fixe*. On pouvait faire miroiter au malade une récompense ou au contraire brandir la menace d'une punition. On pouvait lui asperger la figure avec de l'eau de Seltz, le gifler, lui faire respirer des odeurs infectes. Le recours aux croyances religieuses était légitime, l'enjeu étant le retour à la santé du miraculé, même si le procédé pouvait être discutable. Mais il ne fallait pas s'illusionner sur l'efficacité de ces mystifications.

L'isolement était en revanche, d'une indéniable efficacité. Jean Wier (1515-1588) le préconisait déjà pour les religieuses convulsionnaires et, plutôt que de pratiquer des exorcismes, il recommandait de les renvoyer loin du couvent et de leurs sœurs en religion. Janet soustrayait ainsi les malades à l'influence pernicieuse de leurs familles pour les immerger dans un milieu inconnu où ils oubliaient leurs tracas quotidiens. Il utilisait aussi cet exil pour les inciter non seulement à coopérer avec le thérapeute mais aussi à se soumettre à la volonté du médecin. Charcot, et l'on retrouve le même état d'esprit chez Freud qui *mate* Emmy von N., rappelait l'aveu d'une de ses jeunes patientes anorexique qui avait obéi à ses directives : *Quand j'ai vu que vous étiez le maître, j'ai eu peur*[188]. C'était la pierre angulaire du traitement : pour réussir, l'isolement devait aboutir à la soumission totale du malade au thérapeute. Si le séjour se prolongeait, il y avait un risque d'accoutumance ou d'assuétude. L'éloignement du milieu familial était de moins en moins considéré par le malade comme une punition et les séances d'hypnose devenaient un besoin. Cette période ne devait donc pas excéder trois ou quatre mois.

Le sommeil hypnotique occupait une place importante dans l'arsenal dont disposait le médecin pour éliminer les affects[189] persistants et reconstruire la sensibilité et la concentration. L'hypnose était pour la médecine mentale, ce que les agents pharmacologiques étaient pour les autres branches de l'art. A lui

[188] Charcot, *Leçons sur les maladies du système nerveux faites à la Salpêtrière*, Paris, 1887, **3**, 243.
[189] Voir note page précédente.

de le manier avec les mêmes précautions. Utilisée par un praticien compétent, l'hypnose présentait peu d'effets secondaires : quelques nausées, des vertiges, des céphalées, surtout quand on s'efforçait d'éliminer l'idée fixe et les symptômes nerveux qui l'accompagnaient. Mais le risque le plus important, c'était de provoquer une attaque d'hystérie. En soi, elle ne présentait pas de dangers majeurs. Elle pouvait même être une opportunité pour *changer l'orientation de l'esprit, modifier l'état de la sensibilité et de la mémoire*[190]. Elle pouvait favoriser l'installation d'un somnambulisme artificiel utile pour la suite du traitement. Parmi les risques plus lointains, certains avaient évoqué celui de voir le sujet s'endormir dès qu'il fixait une lumière. Il fallait donc ne pas utiliser systématiquement ce procédé pour induire l'hypnose. Plus fréquente était la révélation d'une hystérie chez des personnes parmi lesquelles elle était latente. S'il s'agissait d'adultes, c'était l'occasion d'engager une thérapie par l'hypnose. Chez l'enfant au subconscient peu engagé, il fallait y renoncer et utiliser des moyens pédagogiques ou l'isolement. Pour éviter d'éventuels effets aggravants de l'hypnotisme sur l'hystérie, il fallait être très attentif au réveil des hypnotisés qui ne devait être obtenu qu'après la disparition des anomalies de la sensibilité et de la motricité. Il fallait empêcher la tendance du malade à la dépendance vis-à-vis de l'hypnotisme et de l'hypnotiseur. Pour cela, il fallait enseigner au malade sous hypnose à recouvrer son autonomie et espacer les séances sans jamais les interrompre brusquement. On s'efforçait d'observer deux règles : d'une part on n'hypnotisait jamais quelqu'un sans son consentement, circonstance exceptionnelle réservée aux cas nécessitant l'autorisation d'une tierce personne ayant autorité morale sur le patient, d'autre part, la présence systématique d'un témoin était préférable mais elle pouvait poser des problèmes de secret médical et d'efficacité de la méthode, notamment si le malade refusait l'hypnose en présence d'un tiers. On rencontrait trois catégories d'hystériques : ceux qui se laissaient aisément hypnotiser, ceux qui opposaient une certaine résistance, mais finissaient par consentir, et, enfin, ceux qui étaient totalement réfractaires. Le malade hypnotisé, il fallait le maintenir dans cet état en le ren-

[190] Janet P., *Op. cit.*, **3**, 647.

dormant par suggestion et le réveiller en douceur, après l'avoir laissé dormir un certain temps. Il semblait que de bons résultats étaient obtenus après des périodes de sommeil prolongées : Janet parlait de la guérison d'une paraplégie hystérique obtenue après quatre jours d'endormissement. On indiquait au malade tout ce qu'il devait accomplir pendant cette période, manger, boire, satisfaire ses besoins naturels ... Au réveil, on remarquait une restitution étonnante de la sensibilité et des facultés mentales.

Chez certains patients, le sommeil hypnotique faisait disparaître, malheureusement, le plus souvent, momentanément, certains symptômes hystériques comme les vomissements ou les paralysies, et l'on profitait de l'opportunité pour nourrir ces malades ou mobiliser leurs membres paralysés. Mais, pour dissocier l'idée fixe, le recours à la suggestion était incontournable. L'hypnotiseur procédait alors, selon les termes de Janet, à un dressage du sujet en lui suggérant des mouvements automatiques ou une hallucination, par exemple. Il ajoutait que le malade devait toujours être endormi par la même personne qui assumait une domination exclusive et que cette exigence était justifiée par le fait *que l'hystérique a déjà perdu la liberté de sa volonté et qu'on lui enlève surtout la liberté de divaguer*[191]. Il reprenait à son compte les petit moyens, ces pratiques matérielles parfois efficaces comme les mythiques pilules fulminantes du célèbre professeur Guéneau de Mussy ou les mirifiques plaques métalliques du bon docteur Burq ou bien ces machines électriques si impressionnantes. Un double péril guettait le malade suggestionné, soit il obtempérait comme un zélote aux suscitations de son médecin : on lui avait interdit de dormir le jour, il restait éveillé vingt-quatre heures sur vingt-quatre, soit la sujétion à son hypnotiseur devenait telle qu'il perdait toute autonomie et se métamorphosait en marionnette dont ce dernier tirait les ficelles, la suggestibilité du malade étant devenue passivité.

Janet organisait un véritable programme destiné à ses malades. Il commençait par rétablir les fonctions les plus élémentaires comme la nutrition, le sommeil, les activités physiques et intellectuelles. Puis il faisait disparaître les céphalées, les douleurs, les tics, les rêves. Ensuite, il améliorait le fonctionnement gastro-

---

[191] Janet P., *Op. cit.*, **3**, 657.

intestinal, rétablissait le cycle menstruel. Plutôt que de s'attaquer d'emblée à la grande crise, il déblayait progressivement le terrain, un peu comme Breuer ou Freud essayaient de décortiquer les couches défensives établies par la névrose pour défendre le souvenir du trauma initial. Mais Janet était plus systématique, il laissait moins la bride sur le cou du malade de peur qu'il ne s'emballât. Esprit très cartésien de l'Ecole de la Salpêtrière contre démarche plus intuitive de l'Ecole de Nancy ? Une fois ces étapes accomplies, il passait aux choses sérieuses et il combattait les manifestations essentielles de la maladie : spasmes, attaques, paralysies. Le résultat ne répondait pas toujours aux attentes du thérapeute. En dehors de quelques réussites, Janet reconnaissait, comme Charcot du reste, avoir éprouvé *bien souvent des mécomptes*[192]. Résistance élective à la suggestion pour les stigmates qu'on voulait éliminer, disparition momentanée des symptômes qui réapparaissent à bref délai, pire encore, remplacement des manifestations qu'on croyait éradiquées par d'autres tout aussi sévères : le délire pouvait ainsi succéder à des contractures ou le clou hystérique à des troubles de la vision. Pour Janet, cela s'expliquait par le fait que l'idée fixe primitive restait dissimulée et qu'on avait traité des idées fixes secondaires. Il fallait donc remonter à la véritable cause des accidents et en démonter le mécanisme. L'écriture automatique était un des procédé susceptible d'y parvenir. Lorsque le malade arrivait à comprendre sa maladie, il pouvait guérir : *L'expression de l'idée fixe subconsciente est pour l'hystérique comme une confession qui le délivre.* Parfois, l'idée fixe était implantée avec une telle ténacité qu'il fallait la démolir pièce par pièce en pratiquant la *dissociation de l'idée fixe*[193]. Janet proposait de substituer par hallucination provoquée des éléments aux scènes revécues par les patients. Il avait ainsi modifié par suggestion des représentations figurées ou des paroles qui obsédaient ses malades et en les débarrassant de leur signification mortifère, il était parvenu à effacer les stigmates eux-mêmes.

Malheureusement, la récidive ne tardait pas. Le malade présentait alors ce que Janet définissait comme la *passion somnambulique*. Nous parlerions d'addiction à l'hypnose. On la

---

[192] Janet P., *Op. cit.*, **3**, 659.
[193] Janet P., *Op. cit.*, **3**, 661.

combattait en ne cédant pas aux demandes du patient. Sinon, il eût fallu hypnotiser le sujet après chaque rechute et *ad libitum*. C'était l'argument avancé par les adversaires de la psychothérapie. Pour Janet, l'origine de ces échecs dépendait d'une faiblesse constitutionnelle de ces malades incapables d'une vie indépendante et exposés à récidiver à l'occasion de la moindre contrariété. En somme, ils souffraient d'un déficit immunitaire contre les idées fixes. Pour renforcer le système nerveux, augmenter la résistance aux automatismes, améliorer les fonctions cérébrales d'association, les traitements physiques comme l'hydrothérapie jouaient un rôle non négligeable, ainsi que le sommeil artificiellement prolongé et l'*aesthésiogénie*[194]. Charcot attribuait la plus grande importance à la récupération de la sensibilité chez les hystériques, estimant qu'elle était le meilleur critère de guérison. Il faisait faire des exercices dynamométriques à ses malades pour l'accélérer. Burq avait signalé que la disparition des contractures et des paralysies succédait fréquemment au rétablissement de la sensibilité. Janet prétendait que les anomalies psychologiques participaient également à ce phénomène. La principale caractéristique de ces anesthésies était qu'après leur régression partielle sous hypnose, les malades ne gardaient aucun souvenir de l'état antérieur, plus complet. En revanche, le souvenir lui revenait quand il recouvrait toutes ses sensibilités. L'amnésie rétrograde persistante prouvait seulement qu'il n'était pas guéri. En effet, pour se remémorer son état antérieur, il fallait qu'il ait récupéré l'intégralité de ses fonctions mnésiques, qu'il soit sorti de l'état de somnambulisme permanent dans lequel le maintenait sa maladie. L'hystérique pour Janet était un rêveur éveillé et un imbécile moral, au sens étymologique du mot.

Les procédés physiques étaient employés dans cette indication : massages, courants statiques, faradiques et galvaniques, aimants puissants, métallothérapie. Ici encore, le rôle de l'illusion était prépondérant car, si l'on substituait un pain à cacheter à la plaque métallique à l'insu du sujet, on obtenait des résultats identiques. Qui plus est, ces résultats étaient également obtenus par la simple suggestion ou la simple exhortation verbale. Ces méthodes étaient plus faciles à mettre en œuvre chez le

[194] Aesthésiogénie ou esthésiogénie : rétablissement de la sensibilité notamment chez les hystériques.

malade sous hypnose qu'à l'état de veille, bien évidemment, le manque d'attention étant le handicap majeur de ces patients qui ne parvenaient pas à fixer dans leur conscience l'ensemble des processus mentaux impliqués dans la sensibilité. Le traitement de ce manque de vigilance, de cette perte du pouvoir de concentration, de cette aboulie reposait sur la pratique de la gymnastique rythmique et le travail cérébral, car, chez ces rêveurs impénitents qu'étaient les hystériques, il n'était pas question de mettre l'intellect au repos comme on le faisait pour les neurasthéniques. Janet conseillait donc les études d'histoire, les traductions de langues étrangères, la musique, les arts graphiques ... meilleure méthode pour empêcher le malade de se laisser aller *au libre jeu des imaginations déréglées*[195]. Dès lors, l'hypnose n'intervenait plus qu'occasionnellement pour vérifier l'apparition d'une nouvelle idée fixe ou la résurgence d'une plus ancienne. Le bonheur, voilà le véritable remède des hystériques disait Briquet. Janet définissait cet état comme le bien-être qu'apporterait l'absence de soucis moraux et matériels. C'était un idéal dont la réalisation supposait une sagesse totalement absente chez ces malades. Quant au mariage recommandé par tous les anciens auteurs, Janet subordonnait son effet bénéfique à la condition qu'il soit heureux, ce qui n'était pas gagné d'avance et il n'était pas éloigné de dire qu'un célibat apaisé valait mieux qu'une union conjugale agitée.

Un traitement univoque de l'hystérie existait-il ? Janet répondait par la négative. Les thérapeutiques les plus inattendues pouvaient réussir brillamment ou échouer lamentablement. Et il insistait sur cette faiblesse indissociable de la personnalité hystérique, sur cette hypersensibilité qui faisait de la moindre commotion émotive un maelström emportant sur son passage les barrières qui permettaient à la plupart des individus de surmonter les chocs traumatiques. Il insistait sur le besoin ressenti par ces malades d'être assistés et stimulés. Le thérapeute devait *prendre la direction de l'esprit des malades*[196] en évitant l'écueil de l'abus de faiblesse. Et il ne devait jamais perdre de vue son patient particulièrement quand il le savait livré à lui-même et privé d'un tutorat moral exercé par un proche parent notamment.

---

195 Janet P., *Op. cit.*, **3**, 676.
196 Janet P., *Op. cit.*, **3**, 679.

Janet détaillait ensuite les traitements spécifiques des dysesthésies, des tics et de la chorée, des paralysies, des attaques et du somnambulisme, des insomnies, des délires, de l'anorexie. Les dysesthésies relevaient de l'*aesthésiologie*. Les tics et la chorée étaient améliorés par l'identification de l'idée fixe qui les suscitait mais aussi par la gymnastique respiratoire. Les contractures posaient l'indication des massages, au besoin pratiqués sous hypnose. Celle-ci permettait également de traquer l'idée fixe et de la détruire, tâche rendue parfois difficile par l'entêtement du malade qui, pour être surmonté, nécessitait dès lors l'isolement ou le sommeil prolongé. La similitude entre le somnambulisme et l'attaque était connue. Chose étonnante, le meilleur traitement du somnambulisme naturel était le somnambulisme provoqué : le médecin prenait alors les commandes du subconscient, le soumettait à sa volonté et l'orientait dans la bonne direction. En revanche, Janet désapprouvait la compression ovarienne qu'il estimait responsable de fixations sur les organes génitaux. Il valait mieux la laisser se dérouler en essayant d'attirer l'attention de la malade, en posant la main sur son front ou sur ses yeux, en lui parlant dans le même sens que ses rêves, en transformant peu à peu le somnambulisme ou l'attaque en somnambulisme provoqué. En cas d'échec, il fallait pratiquer l'hypnose entre les crises. Il finissait par remplacer l'attaque et, peu à peu, on espaçait les séances et la guérison arrivait, surtout si l'idée fixe s'était dissipée. Il fallait simultanément renforcer le pouvoir de concentration du malade. Ici encore, le sommeil prolongé était un recours devant des crises réitérées. Les troubles du sommeil étaient une des manifestations les plus perturbantes pour l'hystérique. Souvent l'hypnose permettait de découvrir les rêves effrayants qui l'interrompaient, Janet interprétant ce phénomène comme un somnambulisme interrompu. L'éradication de l'idée fixe, l'éducation de l'affectivité et le renforcement de la vigilance permettaient la récupération du sommeil. L'anorexie était une forme particulièrement redoutable d'hystérie, surtout lorsqu'elle s'accompagnait de vomissements incoercibles. Les massages abdominaux, la rééducation de la déglutition et de la respiration étaient le complément normal du traitement moral dont le pilier était l'isolement qui permettait de rétablir une alimentation normale, loin du regard des parents.

3

L'apport scientifique de Charcot

On peut affirmer qu'au regard de l'œuvre scientifique de Charcot, l'hystérie était l'arbre qui cachait la forêt. Babinski devait dire à ce propos : *Si les résultats de mes recherches m'ont conduit à abandonner la doctrine de mon illustre maître, je n'en conserve pas moins -je tiens à le dire- une admiration profonde pour le grand neurologiste dont les travaux sur l'hystérie, fort importants d'ailleurs, malgré les erreurs qui s'y sont glissé, ne constituent qu'une faible partie d'une œuvre imposante*[197]. Il faut, après avoir exploré cet aspect spectaculaire et controversé de sa carrière, jeter un coup d'œil sur les multiples domaines de la pathologie étudiés ou défrichés par Charcot, non seulement dans le domaine neurologique où il fut un géant, mais également dans ceux de la rhumatologie, de la pneumologie, de l'hépatologie et de la gérontologie. Charcot a été à la fois un anatomopathologiste, un clinicien et un enseignant hors pair.

La claudication intermittente

Parmi ses premiers travaux, figure l'observation *princeps* de la claudication intermittente chez l'homme. Il rapportait l'observation d'un peintre en bâtiments de 45 ans, entré dans le service de Rayer, à l'hôpital de la Charité, le 5 août 1851. Ancien militaire, il avait reçu dans le flanc droit une balle jamais extraite. Bien des années plus tard, il avait présenté une hématémèse suivie d'un méléna, épisode isolé dont apparemment il s'était remis spontanément. Mais, dans les suites de cette hémorragie, il avait été saisi, après une marche de quelques minutes,

[197] Babinski J., *Démembrement de l'hystérie traditionnelle pithiatisme*, Paris, 1909, 3.

d'un engourdissement et de douleurs dans la verge et dans le membre inférieur droit, manifestations bientôt suivies de crampes et d'une *roideur* rendant impossible l'usage de sa jambe. Il avait dû alors s'asseoir pour se reposer un peu : *Pendant ce temps*, signalait le malade, *les symptômes se sont dissipés rapidement.* Malheureusement, dès qu'il reprenait sa marche, le même phénomène se reproduisait et il devait s'arrêter à nouveau. La raison de son hospitalisation n'était pas ce handicap qui se manifestait chaque fois qu'il marchait, dont il s'était accommodé, mais le retour des hémorragies digestives. Son examen d'entrée avait montré une sévère anémie. La palpation de l'abdomen ne décelait pas de tumeur, l'auscultation faisait entendre un important souffle cardiaque de la base. Le 20 août, le malade présentait une nouvelle hématémèse et décédait le lendemain. L'autopsie mettait en évidence un anévrysme de l'iliaque primitive droite rompu dans le jéjunum, à sa jonction avec le duodénum. Au-dessous, l'artère était complètement oblitérée. Elle donnait naissance aux artères iliaque externe et iliaque interne droites, dont le calibre était *très manifestement rétréci.* Ces lésions étaient vraisemblablement consécutives aux désordres provoqués par le projectile de gros calibre. L'ectasie siégeait aux deux tiers supérieurs de l'artère iliaque primitive. Une suppléance circulatoire s'était établie par les artères iliaques, externe et interne, et par l'artère crurale. Le faible calibre de ces vaisseaux n'avait pas permis d'assurer une irrigation artérielle suffisante, ce qui expliquait les phénomènes douloureux de claudication intermittente éprouvés par le patient, phénomènes liés à l'*ischémie*[198] et analogues à ceux retrouvés par Bouley chez les chevaux atteints de boiterie.

Métastases osseuses vertébrales du cancer mammaire

En 1865, il publiait une observation de paraplégie consécutive à l'affaissement d'une vertèbre envahie par une métastase de cancer du sein. Il rappelait à ce propos que son maître et prédécesseur de la Salpêtrière, Cazalis, *avait l'habitude de faire remarquer à ses élèves que, chez les sujets qui succombent par suite de l'affection dont il s'agit, on rencontre très habituellement des dépôts secondaires* (métastases), *le plus souvent multi-*

---

[198] Charcot J.-M., *O.C.*, **5**, 576, 580, 585.

ples, développés dans l'épaisseur du corps des vertèbres, surtout à la région lombaire[199]. Il devait reprendre cette étude en s'inspirant d'un travail de Jean Cruveilhier (1791-1874) intitulé paraplégie douloureuse. Ces douleurs étaient permanentes, vives, exacerbées par les mouvements, s'exaspérant parfois en crises de souffrances atroces, accompagnées d'une hyperesthésie. A ces manifestations, pouvaient s'associer un zona sur le trajet des nerfs douloureux, une anesthésie cutanée, une atrophie et une contracture musculaires. Il fallait systématiquement rechercher un cancer mammaire en présence de tels symptômes[200].

Rhumatologie

Parmi les nombreuses affections individualisées par Charcot, les atteintes articulaires dans le tabès et l'hémiplégie avaient retenu son attention dès 1868[201]. L'une de ses malades, atteinte d'ataxie locomotrice, présentait une tuméfaction indolore de certaines articulations, avec gêne fonctionnelle, et qui, lorsqu'on les mobilisait, émettaient *un bruit de craquement parfois intense*[202]. Un autre de ses malades, un collègue médecin, s'était présenté à lui avec des symptômes identiques : brutal gonflement d'une articulation sans douleur ni rougeur, avec importante impotence fonctionnelle et craquements intra-articulaires. Ces deux patients présentaient une incoordination motrice et des douleurs fulgurantes. Trois autres observations corroboraient les deux premières. Charcot soupçonnait la myélite scléreuse des cordons postérieurs d'être à l'origine de ces arthropathies atypiques pour lesquelles il écartait, à tort, une étiologie syphilitique, blennorragique, rhumatismale, goutteuse ou climatique. En revanche, il incriminait des troubles de la nutrition résultant de l'atteinte médullaire, perturbation qui expliquait également l'apparition rapide d'escarres au cours de traumatismes rachidiens.

Les manifestations articulaires consécutives aux accidents vasculaires cérébraux étaient différentes de celles observées dans le tabès. En effet, elles étaient douloureuses et elles accompa-

---

199 Charcot J.-M., *O.C.*, 1888, **5**, 308.

200 Charcot J.-M., *O.C.* 1888, **2**, 113-120 ; **5**, 308-311.

201 Charcot J.-M., *Sur quelques arthropathies qui paraissent dépendre d'une lésion du cerveau ou de la moelle épinière*, Arch. de physio. norm. et patho., 1868, **1**, 161-178 ; 379-400.

202 Charcot J.-M., *O.C.*, **9**, 160.

gnaient le mouvement ou la pression sur le membre. Les articulations atteintes étaient simplement algiques, sans autres manifestations apparentes, ou bien toute à la fois dolentes, rouges et tuméfiées comme dans les rhumatismes inflammatoires. Charles Edouard Brown-Séquard (1817-1894) expliquait ce phénomène par *l'irritation que subissent, dans l'encéphale, les tubes nerveux, vaso-moteurs ou trophiques*[203]. Charcot définissait cette affection comme une synovite subaiguë consécutive à une lésion cérébrale mais se demandait par quelle voie, suivant quel mécanisme, elle agissait à distance sur les jointures.

Otologie

Prosper Paul Ménière (1799-1862) avait présenté à l'Académie de Médecine, en 1861, un important travail établissant les rapports entre certains vertiges, apparemment isolés, et une irritation du labyrinthe dans certaines maladies de l'oreille. Charcot allait s'y intéresser en publiant dans la Gazette des hôpitaux de 1874, sous le titre *Vertigo ab aure laesa* (vertige par lésion de l'oreille), une étude reprenant et développant les constatations de Ménière. Il faisait remarquer la fréquence de cette maladie contrastant avec l'ignorance des médecins de son époque en ce qui concernait cette nouvelle pathologie, ce qui provoquait des erreurs de diagnostic, comme la confusion avec une crise d'épilepsie, un *coup de sang* ou le *vertige gastrique*[204]. Le début de l'accès vertigineux était annoncé par des bourdonnements d'oreille comparés par les malades au bruit d'un sifflet de locomotive ou d'un sac de clous violemment secoué ou d'une fusillade. L'examen de l'oreille révélait le plus souvent une atteinte organique : otite séreuse, otite labyrinthique, simple catarrhe. Le vertige lui-même était rotatoire et Charcot le comparait à une hallucination car le trouble éprouvé par le malade ne se traduisait à l'extérieur que par un mouvement de surprise ou un mouvement pour prévenir la chute. Les nausées ou les vomissements, les maux de tête succédaient à la crise. Charcot, connaissant le rôle de la quinine dans l'apparition d'acouphènes, avait proposé comme traitement le sulfate de quinine à haute dose, 60 cg par

[203] Charcot J.-M., *O.C.*, **9**, 182.
[204] Charcot J.-M., *O.C.*, **2**, 347-348.

jour, et avait effectivement guéri deux de ses malades par ce moyen.

La neurologie

Les centres moteurs corticaux

Charcot avait codifié le protocole d'autopsie du cerveau, recommandant de dessiner les lésions ou du moins de reporter leur siège sur des schémas pré-imprimés. Il détachait les hémisphères par section des pédoncules à hauteur de la protubérance annulaire. Il les séparait ensuite en deux en tranchant le corps calleux dans le sens de la longueur puis il détachait les méninges. Il procédait alors à l'examen minutieux des circonvolutions pour y déceler d'éventuelles lésions. On examinait les ventricules et les noyaux gris centraux et l'on effectuait une coupe horizontale (coupe de Flechsig) si le noyau caudé ou le thalamus étaient anormaux. Sinon, on se contentait de coupes parallèles à la scissure centrale des hémisphères cérébraux (sillon de Rolando ou scissure centrale[205]). On reportait chaque lésion observée sur des schémas. Bulbe, protubérance, cervelet étaient examinés soigneusement. L'examen microscopique complétait ce bilan au moindre doute concernant l'existence d'une altération tissulaire[206].

La méthodologie de Charcot était non moins rigoureuse quand il ramenait les localisations fonctionnelles à deux ordres de faits : la série des faits positifs démontrant l'existence concomitante et constante d'un symptôme précis correspondant à une lésion d'un territoire également précis ; la série des faits négatifs apportant la preuve de l'inexistence de ces mêmes symptômes avec toute autre lésion des autres parties du cerveau. On comprend sa déconvenue devant ses malades hystériques auxquelles il ne pouvait appliquer ce principe incontournable selon lequel *on ne devait admettre une localisation fonctionnelle que lorsque la démonstration en est établie sur un groupe cohérent de faits de*

---

[205] Elle débute à peu près au milieu de la scissure qui sépare les deux hémisphères et descend oblique en bas et en avant sur la face externe du lobe frontal pour se terminer légèrement au-dessus de la scissure de Sylvius ou scissure latérale. Elle sépare le lobe frontal du lobe pariétal.

[206] Charcot, Pitres, *Les centres moteurs corticaux*, Paris, 1895, 21-22.

la série positive indirectement contrôlée par un autre groupe cohérent de faits de la série négative[207]. Mais il était également conscient, et il le reconnaissait, de la prééminence de la clinique sur la physiologie, instruit par les erreurs des Flourens et des Magendie qui, à partir d'expériences sur des animaux inférieurs, avaient rejeté l'existence des localisations cérébrales chez l'homme. En affirmant que les études pathologiques bien dirigées avaient une valeur tout aussi grande que les études expérimentales, il justifiait son attitude anti-vivisectionniste et confortait son abord pluri-disciplinaire de l'hystérie sur le plan clinique, biologique et psychologique notamment.

Charcot[208] avait montré qu'une continuité anatomique *a minima* pouvait suffire à la transmission de l'influx : ainsi, chez une malade paraplégique atteinte d'un mal de Pott vertébral, et dont la paralysie avait disparu deux ans plus tard, l'autopsie avait montré une moelle réduite à un diamètre de quelques millimètres au niveau de laquelle, au milieu d'une feutrage fibreux, subsistaient des faisceaux dendritiques et quelques cylindraxes, tandis que la substance grise ne recelait plus que quelques cellules au niveau d'une corne.

Il avait appelé carrefour sensitif le tiers postérieur de la capsule interne[209], car sa destruction par une hémorragie cérébrale provoquait une anesthésie de la moitié opposée du corps associée à la perte de l'audition, du goût et à une hémianopsie également controlatérale par atteinte dc la moitié homonyme des deux rétines.

A la suite de David Ferrier (1843-1928) dont les travaux avaient été publiés en 1876, il interprétait la zone rolandique comme une association de centres moteurs dont la stimulation expérimentale ou l'irritation pathologique provoquaient des manifestations motrices de la face, du tronc et des membres. Gustav Th. Fritsch (1838-1891) et Eduard Hitzig (1838-1907) avaient montré, dès 1870, que la stimulation électrique du cortex frontal chez l'animal provoquait des mouvements au niveau des membres du côté opposé du corps, prouvant ainsi l'existence d'une

---

207 Charcot, Pitres, *Op. cit.*, 26.

208 Gley E., *Traité élémentaire de physiologie*, Paris, 1913, 1002, 1007, 1034.

209 Zone de substance blanche reliant le cortex cérébral à la région sous-thalamique et intervenant dans la perception visuelle.

aire cérébrale motrice. John Huglings Jackson (1835-1911) avait imaginé à la même époque que le cortex moteur comportait une véritable carte des muscles du corps, en partant du fait que certaines formes d'épilepsie étaient accompagnées de mouvements convulsifs qui se déroulaient toujours selon le même parcours d'une région du corps à une autre. Dès lors, il fut admis qu'il existait une zone située autour du sillon de Rolando dont la stimulation électrique déclenchait des mouvements localisés et dont la destruction amenait des paralysies partielles du côté opposé du corps. L'histologie allait fournir aux physiologistes de nouveaux arguments en faveur de leurs hypothèses quand William Betz (1834-1894) identifia, en 1874, les cellules pyramidales géantes au voisinage du sillon de Rolando. En 1874, Charcot publia un premier mémoire basé sur une quarantaine de cas qui lui permirent de déterminer avec précision l'existence chez l'homme de zones motrices dont les lésions s'accompagnaient toujours de paralysie ou de convulsions controlatérales et de zones latentes dont les altérations ne produisaient jamais de troubles moteurs. Puis, en 1878, cinquante-six observations vinrent confirmer le travail précédent. Plus de deux cents cas donnèrent lieu à une dernière publication en 1883. Pour ces études, Charcot était convaincu de la supériorité de la méthode anatomo-clinique sur la physiologie expérimentale. Celle-ci avait à ses yeux l'inconvénient d'étudier chez l'animal des phénomènes non reproductibles chez l'homme, pour des raisons de métabolisme et d'éthique évidentes. Il ne restait plus qu'à noter scrupuleusement les symptômes observés du vivant des malades et les lésions minutieusement décrites après leur mort. Cela impliquait le rejet impitoyable de toutes les observations venues du passé fussent-elles l'œuvre des noms les plus illustres. Il fallait également refuser d'inclure dans les études les lésions multiples ou diffuses et ne conserver que les atteintes les plus démonstratives. Des diverses observations rapportées dans leur ouvrage, Charcot et Pitre tiraient les conclusions suivantes : il existait une corrélation constante entre l'existence ou l'absence de troubles moteurs et la répartition topographiques des lésions ; le cerveau humain comportait des zones de latences caractérisées par l'absence de paralysie des mouvements lorsqu'elles étaient lésées. Ces aires cérébrales concernaient tout le cortex à l'exception des parties voisines de la scissure de Rolando. En revanche, les altérations de la région rolandique se manifestaient par des paralysies permanentes dans un ou plusieurs groupes musculaires du côté opposé à celui de la lésion, bientôt suivies d'une dégénérescence du faisceau pyramidal.

La zone motrice était constituée de l'association de plusieurs centres commandant la motricité d'un membre ou de muscles controlatéraux. Les centres moteurs de l'homme se répartissaient de haut en bas selon un ordre immuable : le centre du membre inférieur siégeait dans le quart supérieur des circonvolutions ascendantes, celui du membre supérieur était situé à la partie moyenne des circonvolutions ascendantes, celui de la face dans leur quart inférieur.

Les hémiplégies totales correspondaient à une destruction étendue d'une grande partie ou de la totalité de l'aire des circonvolutions rolandiques du côté opposé. Les monoplégies du membre inférieur répondaient à une altération du quart supérieur de la zone motrice. Celles du membre supérieur, à une lésion des deux quarts moyens de la même zone. Enfin, les monoplégies de la face et de la langue se voyaient lors de lésions limitées au quart inférieur de la zone motrice[210].

Les anévrysmes miliaires

Sous le nom d'*apoplexie miliaire par foyers disséminés,* Jean Cruveilhier avait décrit, en 1836, de petites granulations, semblables à du sable très fin, disséminées à la surface et dans l'épaisseur du cerveau, chez une femme de 63 ans décédée des suites d'une hémiplégie gauche[211]. Deux décennies plus tard, Juste Louis F. Calmeil (1798-1895) avait découvert au niveau du cerveau de l'une de ses malades décédée à 80 ans dans un tableau de démence, *de petites sphérules noires qui égalent à peine en grosseur un petit grain de plomb ... enchassées dans la substance grise* et il se demandait s'il s'agissait de *sang extravasé* ... ou de *sang amalgamé*[212]. Charcot et son élève Bouchard avaient publié

---

[210] Charcot, Pitres, *Les centres moteurs corticaux*, Paris, 1895, 192-194.

[211] Cruveilhier Jean, *Anatomie pathologique du corps humain ou description avec figures lithographiées et coloriées des diverses altérations morbides dont le corps humain est susceptible*, Paris, 1829-1842, **2**, liv. XXXIII, 5-6, pl. II, fig 3.

[212] Calmeil J.L.F., *Traité des maladies inflammatoires du cerveau*, Paris, 1859, **2**, 524-525.

sur le même sujet dès 1863 et, grâce à l'examen microscopique de ces altérations vasculaires avaient déterminé qu'il s'agissait de petits anévrysmes pas toujours en relation avec le développement de l'artériosclérose, les causes déterminantes étant une endartérite pour l'athérome ou une périartérite dans les autres cas. Ce travail reposait sur quatre-vingt-sept observations, la plupart de Charcot ou de Vulpian. La description microscopique qu'ils en donnaient reste valable, notamment en ce qui concerne la disparition des fibres musculaires au niveau de la poche anévrysmale[213].

La poliomyélite

Jacob von Heine (1799-1899) décrivait en 1840 et pour la première fois, la poliomyélite antérieure aiguë. Charcot et Alexandre Joffroy (1844-1908) apportaient la preuve de l'atteinte des racines antérieures de la moelle épinière en 1869[214]. Duchenne de Boulogne, qui l'appelait atrophie musculaire progressive, l'avait également étudiée. La paralysie infantile était considérée comme une maladie modèle pour l'étude anatomo-physiologique : lésions bien délimitées, symptomatologie précise. Les lésions spinales avaient montré que ce n'était pas une atteinte périphérique, nerveuse ou musculaire, encore moins une pathologie essentielle, qui expliquaient les symptômes, mais bel et bien une altération médullaire. On avait vaguement parlé de congestion, d'exsudats. Mais les premières études histologiques avaient été pratiquées à la Salpêtrière. Elles avaient mis en évidence dès 1864 *une atrophie des cornes antérieures de la substance grise et des cordons blancs antéro-latéraux*[215]. Vulpian et Prevost avaient montré par la suite, en 1866, la diminution en quantité et en volume des grandes cellules motrices dans la corne antérieure du segment de moelle innervant les muscles atrophiés. Ce phénomène constant expliquait la paralysie et l'atrophie des muscles. Leur atteinte histologique était précoce avec perte de la striation des fibres musculaires et début de dégénérescence graisseuse. Celle-ci prédominait à un stade plus tardif de la maladie[216]

---

[213] Charcot J.-M., *O.C.*, Paris, 1890, **9**, 7-10, 18-72, 24.

[214] Charcot J.-M., Joffroy A., *Une observation de paralysie infantile s'accompagnant d'une altération des cornes antérieures de la substance grise de la moelle*, C.R. Soc. Bio., 1870, **1**, 312-315.

[215] Charcot J.-M., *O.C.*, 1893, **4**, 382.

[216] Charcot J.-M., *O.C.*, 1888, **2**, 175-187.

Des amyotrophies spinales chroniques (sclérose latérale amyotrophique).

Dans un article intitulé *Des amyotrophies spinales chroniques*[217], paru en 1874 dans le Progrès Médical, Charcot établissait le diagnostic différentiel entre l'atrophie musculaire d'Aran-Duchenne et l'amyotrophie latérale scléreuse qui devait porter son nom, La maladie était caractérisée par une sclérose symétrique et primitive des faisceaux blancs latéraux associée à la lésion des cornes antérieures en relation avec l'atrophie musculaire. La partie des cordons antéro-latéraux au niveau de laquelle le processus inflammatoire pouvait se limiter correspondait à la partie la plus postérieure du faisceau antéro-latéral. On le retrouvait au niveau du bulbe au-dessus de l'entrecroisement des faisceaux pyramidaux, mais également dans la protubérance annulaire et dans l'étage inférieur des pédoncules cérébraux. Il était envahi par la sclérose de façon uni- ou bilatérale. L'altération du tissu nerveux pouvait concerner la substance grise. L'évolution de la maladie était rapide, deux ou trois ans. Au début, il y avait quelques fourmillements puis une diminution de la force musculaire débutant le plus souvent aux membres supérieurs. Une amyotrophie massive apparaissait ensuite, bien différente de celle de l'amyotrophie progressive qui atteignait électivement certains muscles. On observait des fibrillations, mais la contraction faradique était conservée. Les membres atrophiés prenaient des positions dues à la rigidité spasmodique des muscles. Lorsque certains mouvements étaient encore possibles, ils se traduisaient par des trémulations analogues à celles observées dans la sclérose en plaque. En quelques mois, l'amaigrissement était très important. Après une phase de rémission, une deuxième période était marquée par une atteinte des membres inférieurs qui présentaient une contracture, intermittente au début, et bientôt permanente, prédominant au niveau des extenseurs. On observait une légère atrophie musculaire. Il n'existait pas de troubles sphinctériens. Dans une troisième période, une paralysie labio-glosso-laryngée entraînait la mort du malade. Rappelons que Jean Cruveilhier, dans sa communication du 29 mars 1853 à l'Académie de Médecine,

[217] Charcot J.-M., *Des amyotrophies spinales chroniques,* Prog. Méd., 1874, **2**, 325, 341.

avait présenté trois observations d'amyotrophies dont la dernière, concernait le saltimbanque Lecomte et décrivait sans ambiguïté les atteintes spécifiques de la maladie au niveau des racines antérieures des nerfs rachidiens : cet homme âgé de 32 ans était rentré dans le service d'Andral à la Charité en juillet 1850. Il présentait une paralysie musculaire atrophique en grande partie généralisée, ayant débuté deux ans auparavant. Il était décédé en février 1853 et Cruveilhier avait procédé à l'autopsie. Voici ses conclusions : *Les racines antérieures des nerfs spinaux étaient d'une infériorité extrêmement remarquable par rapport aux racines postérieures, et cette infériorité était énorme à la région cervicale ... les racines antérieures n'étaient peut-être pas le quart ou le cinquième en volume des racines postérieures aux régions dorsales ou lombaires, elles n'étaient pas la dixième partie en volume à la région cervicale. Dans plusieurs points, ces racines se réduisaient à leur névrilemme et n'offraient même à la loupe, aucune trace de tissu nerveux proprement dit*[218]. Quant au mémoire d'Amilcar Aran (1817-1861), il reprenait ce cas parmi d'autres, et complétait par sa description clinique minutieuse et le bilan électrique de Duchenne de Boulogne, l'observation purement anatomopathologique de Cruveilhier[219].

La sclérose en plaques

Charcot et Vulpian, dès 1862, avaient rapporté quelques cas de sclérose en plaques. Vulpian avait étudié l'anatomie macroscopique et microscopique de la sclérose en plaques disséminées. En 1868, Charcot avait publié une importante contribution à l'histopathologie de la maladie[220]. La moelle était parsemée de plaques grisâtres, à contours plus ou moins réguliers, distribuées au hasard, parfois confluentes, atteignant le bulbe. Les coupes révélaient une atteinte en profondeur et la présence de zones sclérosées dans l'épaisseur même du tissu nerveux, intéressant tant la substance blanche que la substance grise. Le cerveau et le cervelet eux-mêmes n'étaient pas épargnés. De siège très variable, ces

[218] Cruveihier J., *Paralysie musculaire atrophique*, Rev. de thérap. méd. chir., 1853, **1**, 220.
[219] Aran A., Arch. gén. de méd., 1850, série 4, **24**, 30-35.
[220] Charcot J.-M., *Histologie de la sclérose en plaque*, Gaz. des hôp., 1868, **41**, 554-555, 557-558, 566.

lésions pouvaient intéresser n'importe quelle région du névraxe ce qui justifiait le caractère protéiforme de l'affection. Après la fixation à l'acide chromique et la coloration par une solution ammoniacale de carmin de coupes de tissu nerveux de la moelle atteinte par la sclérose, les cellules nerveuses pouvaient être identifiées. L'examen microscopique mettait alors en évidence deux ordres de faits essentiels, d'une part, la multiplication des noyaux et l'hyperplasie des fibres de la névroglie, signes d'une irritation initiatrice du processus pathologique tissulaire[221], d'autre part une démyélinisation des cylindraxes[222].

Cliniquement, c'était une affection polymorphe. Néanmoins les symptômes reflétaient les trois types de localisations corroborés par l'anatomopathologiste : les localisations exclusivement médullaires, encéphaliques ou mixtes. Cette dernière, dite cérébro-spinale, était la plus fréquente. On confondait souvent paralysie agitante et sclérose en plaque, mais le tremblement était intentionnel dans la sclérose, de repos dans la paralysie agitante. Les symptômes céphaliques associaient souvent diplopie, amblyopie, nystagmus et embarras de la parole qui était comme scandée. L'apparition de troubles de la déglutition ou de la respiration évoquait une paralysie bulbaire progressive, de mauvais pronostic. Dans les trois quarts des cas, il existait un vertige, spécifique de la sclérose en plaques. Des troubles psychologiques se manifestaient parfois : délires, hallucinations. Charcot insistait beaucoup sur la rigidité des membres inférieurs, précédée d'une parésie. Cette faiblesse musculaire débutait par un membre inférieur qui se dérobait sous le malade, mais elle gagnait bientôt l'autre jambe, puis les bras. Il y avait des rémissions, mais le malade finissait grabataire. Charcot pensait que l'absence de troubles de la sensibilité était un caractère différentiel avec l'ataxie tabétique et ses douleurs fulgurantes. Il décrivait sous le nom d'épilepsie spinale, des accès de contractures permanentes se prolongeant quelques heures à quelques jours, au cours desquels *les membres inférieurs* se raidissaient *dans l'extension en même*

---

[221] Charcot J.-M., *Leçons sur les maladies du système nerveux faites à la Salpêtrière*, Paris, 1875, **1**, 219.

[222] Charcot J.-M., *Leçons sur les maladies du système nerveux faites à la Salpêtrière*, Paris, 1875, **1**, 207.

temps qu'ils s'accolaient *pour ainsi dire l'un à l'autre*[223]. Le fléchissement forcé d'un des orteils provoquait l'arrêt de l'accès. Il distinguait trois périodes dans l'évolution de la maladie. La première était celle de l'invasion et des signes frustes. Elle pouvait se dérouler sur des années. Le malade était alarmé par une parésie des membres inférieurs, sans troubles de la sensibilité, sans troubles sphinctériens. A ce stade, il ne pouvait y avoir que présomption de diagnostic. Celui-ci devenait probable quand apparaissaient diplopie, vertiges, dysarthrie et nystagmus. La seconde période apparaissait deux à six ans après le début. Elle était marquée par l'apparition d'une contraction spasmodique des membres, l'impotence devenant peu à peu totale. La troisième période correspondait à une altération de l'état général, à des troubles psychiques, obnubilation, démence, à des troubles sphinctériens et à des escarres de décubitus. La survenue de maladies respiratoires ou intestinales, d'une paralysie bulbaire, pouvait abréger la vie du malade.

Le diagnostic des formes frustes de la sclérose multiloculaire, la sclérose en plaques, était difficile notamment le diagnostic différentiel avec le tabès. Il reposait, quand le seul symptôme était la *contracture des membres inférieurs, avec ou sans rigidité concomitante des membres supérieurs (forme spinale)*[224] sur la constatation de l'association d'un tremblement intentionnel, d'un nystagmus et d'un embarras de la parole (scansion)[225], la triade de Charcot. Cruveilhier en 1835 avait mentionné et figuré les lésions de la SEP dans son Anatomie pathologique[226]. Les Allemands, et en premier lieu Ludwig Türck, en 1855, avaient publié sur le sujet, après une longue période au cours de laquelle la maladie avait été oubliée. La description de ces attaques et le procédé utilisé pour y mettre fin, évoquait la démarche diagnostique et thérapeutique adoptée par Charcot vis-à-vis des hystériques. Il avait trouvé l'explication lésionnelle des signes cliniques de la

[223] Charcot J.-M., *Leçons sur les maladies du système nerveux faites à la Salpêtrière*, Paris, 1875, **1**, 245.

[224] Charcot J.-M., *Leçons sur les maladies du système nerveux faites à la Salpêtrière*, Paris, 1877, **2**, 293-294.

[225] Charcot J.-M., *Clinique des maladies du système nerveux*, Paris, 1892, **1**, 402.

[226] Cruveilhier Jean, *Anatomie pathologique du corps humain ou description avec figures lithographiées et coloriées des diverses altérations morbides dont le corps humain est susceptible*, Paris, 1829-1842, **2**, liv. XXXII, 22-23, pl. 2, fig. 4 ; liv. XXXVIII, 2-4, pl. 5, fig. 1&1'.

sclérose en plaques, on comprend qu'il ait cherché de la même façon celle que lui apporterait la preuve organique des symptômes de l'hystérie. En fuyant toute idée spéculative, en suivant le fil conducteur de l'anatomie pathologique, il était tombé, malgré cela, dans le piège redoutable du raisonnement par analogie. Guidé par le même souci didactique qui sous-tendait toute son œuvre, guidé par son besoin de classification et de clarification, le Maître de la Salpêtrière se proposait de résoudre l'énigme posée par le sphinx des névroses, dont l'hystérie, aux côtés du tétanos, de la rage, de l'épilepsie généralisée, de la chorée, était l'une des plus difficiles à résoudre. Il espérait dissiper l'illusion qu'était la croyance en l'origine purement névrotique de l'hystérie, comme elle avait été dissipée pour le tabès et la sclérose en plaques. Il visait encore plus haut, en espérant, *avec le concours des données expérimentales, fournir les bases d'une interprétation rationnelle, des phénomènes morbides*[227].

L'ataxie locomotrice progressive

L'ataxie locomotrice progressive avait été séparée des autres paraplégies par Duchenne de Boulogne. Il en avait tracé un tableau clinique magistral en 1858[228]. En 1866, avec Bouchard, Charcot avait publié sur les douleurs fulgurantes, souvent térébrantes, *semblables à une décharge électrique* pour reprendre les termes de Duchenne, qui survenaient chez les tabétiques. En 1868, nous l'avons vu, les arthropathies dont étaient atteints ces malades avaient retenu son attention. Sur ses conseils, Antoine Auguste Pierret (1845-1920) avait soutenu sa thèse en 1876 sur *Les symptômes céphaliques du tabès dorsalis*. Elle était l'aboutissement d'une série de travaux commencés dès 1870, dans lesquels il s'efforçait de reprendre *à l'aide de faits cliniques et anatomiques observés à la Salpêtrière, l'histoire de la sclérose fasciculée des cordons postérieurs*. Il avait pour objectif de compléter les travaux de Luys qui dès 1860, en avait donné l'histologie pathologique et ceux de Charcot et de Vulpian parus dans les Comptes rendus de la Société de Biologie, en 1862.

---

[227] Charcot J.-M., *Leçons sur les localisations dans les maladies du cerveau*, Paris, 1876, 174-176.

[228] Duchenne de Boulogne G.B.A., *De l'ataxie locomotrice progressive*, Arch. gén. de méd., 1858, 5ème série, **12**, 641-652 ; 1859, **13**, 36-62, 158-181 ; 417-451.

Pierret établissait avec précision que la lésion spécifique de la maladie correspondait à une sclérose d'une région très limitée des cordons postérieurs, sur toute la hauteur de la moelle, appelée rubans ou bandelettes externes[229]. Il s'agissait de bien distinguer cette sclérose tabétique des autres atteintes analogues consécutives notamment à la myélite transverse. Pierret par des études histologiques, devait parvenir à démontrer que l'ataxie locomotrice était la conséquence d'une sclérose des rubans externes de la moelle ou cordons de Burdach.

L'atrophie musculaire progressive

Au commencement de l'année 1886[230], Charcot et Pierre Marie (1853-1940) décrivaient dans un article de la Revue de Médecine, un type d'atrophie musculaire distincte de la maladie d'Aran Duchenne[231] et des myopathies, caractérisée par une atrophie musculaire progressive envahissant d'abord les pieds et les jambes, héréditaire et débutant dans l'enfance. Ils rapportaient cinq observations personnelles et s'appuyaient sur des cas observés auparavant par Moritz M. Eulenburg (1840-1887) en 1856, Eichorst en 1873, William Alexander Hammond (1828-1900) en 1879, Joseph Ardern Ormerod (1848-1925) et Max Schultze (1825-1874) en 1884. Ils écrivaient en conclusion de leur article : *En somme pour nous résumer, de tous les documents contenus dans ce travail, il ressort que les principaux caractères de la forme d'atrophie musculaire que nous nous sommes proposés d'isoler et de décrire sont les suivants : Atrophie musculaire progressive, envahissant d'abord les pieds et les jambes, ne se montrant au membre supérieur (mains d'abord puis avant-bras) que plusieurs années après ; donc évolution lente. Intégrité relative des muscles de la racine des membres, ou tout au moins conservation beaucoup plus longue que pour ceux des extrémités. Intégrité des muscles du tronc, des épaules et de la face.*

---

[229] Philippe Cl., *Contribution à l'étude anatomique et clinique du tabès dorsalis*, Paris, 1897, 17-19.

[230] Charcot J.-M., Marie P., *Sur une forme particulière d'atrophie musculaire progressive souvent familiale, débutant par les pieds et les jambes et atteignant plus tard les mains*, Rev. de méd., février 1886, **VI**, 97-137.

[231] Atrophie musculaire progressive spinale type Aran-Duchenne, appelée par Charcot poliomyélite antérieure chronique, consécutive à une dégénérescence chronique des cornes antérieures de la moelle épinière chez l'adulte caractérisée par des atrophies avec paralysies symétriques.

Existence de contractions fibrillaires dans les muscles en voie d'atrophie. Troubles vasomoteurs dans les segments des membres atteints. Pas de rétractions tendineuses notables du côté des articulations dont les muscles sont atrophiés. Sensibilité le plus souvent intacte. Fréquence des crampes. Réaction de dégénération dans les muscles en voie d'atrophie. Début de l'affection le plus ordinairement dans l'enfance, souvent chez plusieurs frères et sœurs ; quelquefois aussi elle existerait non seulement chez les collatéraux, mais aussi chez les ascendants. La même année, Howard Henry Tooth (1856-1925) identifiait et décrivait la maladie dans sa thèse inaugurale à Cambridge. Il en donnait un tableau identique à celui de ses collègues français. Il définissait également la maladie comme une atrophie musculaire lente, touchant d'abord les pieds et les jambes pour n'atteindre les mains puis les avant-bras que plusieurs années après. Il insistait sur l'intégrité des muscles du tronc et de la face et celle, relative, des muscles de la racine des membres et signalait l'existence de fasciculation au niveau des muscles en cours d'atrophie et de troubles trophiques au niveau des membres atteints. Les crampes étaient fréquentes, la sensibilité pouvait être altérée. La maladie apparaissait le plus souvent dans l'enfance. On la retrouvait chez les collatéraux et chez les ascendants[232].

L'amnésie dans la névrite alcoolique

En 1885, Charcot mettait en évidence l'amnésie fréquemment associée aux polynévrites éthyliques chez une jeune américaine de 29 ans[233]. Il devait revenir sur ce syndrome en 1893 en écrivant : *Le malade est attentif aux questions qu'on lui pose, ses raisonnements sont justes ; ses réponses sont précises en ce qui concerne les évènements antérieurs à l'invasion de la maladie, tandis que pour les faits ultérieurs, la confusion, l'absence de souvenir sont complètes ; le contraste est frappant entre l'amnésie qui existe pour les actes, les impressions récentes, et le souvenir des choses qui se sont passées avant le début des accidents. Et cette impuissance de sa mémoire ne l'étonne guère et le laisse le plus souvent indifférent. Cependant les impressions, les*

[232] Sainton Paul, *L'amyotrophie type Charcot Marie*, Paris, 1899, 9.

[233] Lettre de Charcot à Brissaud, vers février 1885, Arch. et manusc. de la bibliothèque de l'Acad. de Méd., Calames internet.

images qu'il perçoit ne sont pas perdues ; il les reçoit et les garde dans son inconscient pour les retrouver plus tard, au fur et à mesure de l'amélioration[234]. Serge Korsakoff (1853-1900) publiait un travail sur le même sujet en 1887 dans lequel il décrivait également ce type d'amnésie, accompagnée de paresthésies au cours duquel le malade était dans l'incapacité de fixer des faits nouveaux, la mémoire des faits anciens, les associations d'idées et les facultés de raisonnement étant en partie épargnée. Le malade faisait des fausses reconnaissances, affabulait et mêlait rêve et réalité.

La localisation cérébrale du langage articulé

Pierre-Paul Broca (1824-1880) avait situé le siège de la faculté du langage articulé dans la 3ème circonvolution frontale gauche en 1861. La classification des aphasies et la description de leurs variétés intéressaient beaucoup Charcot. Pour les définir, il avait imaginé le premier un schéma construit autour d'une cloche reliée aux centres cérébraux par des nerfs sensitifs chargés de transmettre le stimulus sonore aux quatre centres cérébraux qui les intégraient sous le contrôle d'un centre intellectuel commun. Les centres d'image des objets, identifiés par des études anatomocliniques, se répartissaient en siège de la mémoire d'assemblage des mots, de leur mémoire auditive, de leur mémoire visuelle et de la mémoire du mouvement des mains et des doigts. Il avait ainsi constitué une théorie générale associationniste du substrat neural du langage, l'image centralisée de l'objet se constituant indépendamment du langage. La lésion de ces aires cérébrales déterminait l'aphasie motrice[235], la surdité verbale[236], la cécité verbale[237] et l'agraphie[238].

[234] Semelaigne R., *Les pionniers de la psychiatrie française*, Paris, 1930, **2**, 120.

[235] Trouble du langage articulé avec conservation de la compréhension verbale, de l'écriture et de la lecture.

[236] Incapacité de comprendre le langage parlé perçu comme un bruit inintelligible.

[237] Incapacité de comprendre les signes ou les mots écrits bien que les lettres soient reconnues.

[238] Incapacité de s'exprimer par l'écriture, variété d'un trouble psychomoteur caractérisé par l'incapacité d'exécuter des mouvements volontaires, coordonnés et adaptés, avec conservation des fonctions musculaires et sensorielles (apraxie).

Maladies du foie

Son apport dans ce domaine fut une étude d'ensemble des cirrhoses hépatiques qu'il définissait comme des inflammations chroniques accompagnées d'une production excessive de tissu conjonctif au sein du parenchyme hépatique lui-même. Il rapprochait ce processus histologique de celui qui aboutissait à la formation des cicatrices, décrivant l'apparition initiale d'un granulome inflammatoire puis de fibres conjonctives constituant peu à peu *une cloison fibrinoïde épaisse et qui tend sans cesse à s'épaissir*. Cette substitution d'un conjonctif aux propriétés rétractiles, à un tissu spécifique de l'organe atteint, finissait par le convertir *en une masse fibroïde privée nécessairement de ses fonctions naturelles*[239]. Il distinguait la cirrhose hypertrophique récemment individualisée par Victor C. Hanot (1844-1896)[240] de la cirrhose vulgaire ou atrophique, décrite par Laënnec.

Maladies des reins

Charcot avait signalé l'existence d'une néphrite interstitielle dans la goutte chronique et la présence d'albumine dans les urines au moment des crises puis en permanence, après quelques années d'évolution. Sa première publication sur le sujet datait de 1864[241]. Au niveau du rein, les lésions histologiques étaient de deux types. D'une part, des dépôts d'acide urique, parfois cristallins, à la surface du rein, dans le parenchyme rénal, dans les papilles, dans les calices et les bassinets, les plus volumineuses concrétions se trouvant dans ces deux dernières cavités. D'autre part, des infarctus d'aiguilles cristallines d'urate de soude à l'intérieur des tubules rénaux associés à une néphrite parenchymateuse plus ou moins importantes, le stade le plus avancé correspondant à la maladie de Bright[242]. Sur le plan biologique, il avait observé que la diminution du taux d'acide urique urinaire correspondait à son augmentation dans le sang, elle-même à l'origine des dépôts tophacés articulaires. Il insistait sur la néces-

[239] Charcot J.M., *Leçons sur les maladies du foie et des reins*, Paris, 1877, 203.

[240] Hanot Victor, *Etude sur une forme de cirrhose hypertrophique du foie (cirrhose hypertrophique avec ictère chronique)*, Paris, 1876.

[241] Charcot J.-M., *Contribution à l'étude des altérations anatomiques de la goutte*, C.R. Soc. Biol., 1864, 3ème série, **5**, 139-163.

[242] Charcot J.-M., *O.C.*, 1890, **7**, 68-69.

sité de doser l'acide urique sur les urines de 24 heures pour obtenir des chiffres fiables[243].

En 1877, Il établissait la distinction entre la néphrite parenchymateuse et la néphrite scarlatineuse. Ses constatations histologiques l'avaient amené à conclure qu'il s'agissait d'une néphrite interstitielle glomérulaire[244]. Quant à la dégénérescence amyloïde du rein, il la considérait comme un cas particulier d'une affection qui pouvait être généralisée frappant le foie, la rate, l'intestin ... avec comme point commun la présence dans les organes atteints d'un substance appelée amyloïde par Virchow, bien qu'elle n'ait rien eu de commun avec l'amidon en dehors de son aspect macroscopique. En fait, ces dépôts occupaient les membranes artériolaires et capillaires. La cause la plus fréquemment retrouvée, était une suppuration prolongée, quelle qu'en soit l'origine (*carie, nécrose, maladie des os, ; mal de Pott avec abcès, phthisie avec vomique ; dilatation des bronches, dysenterie avec abcès du foie ; vieux ulcères de jambe*)[245]. En colorant par l'iode les coupes de tissu rénal, il était parvenu à mettre en évidence, l'atteinte glomérulaire et vasculaire dans le parenchyme rénal.

Maladies du poumon

De ses leçons sur les maladies pulmonaires, on retiendra la célèbre comparaison qu'il fit entre la distribution des alvéoles pulmonaires et la bronchiole centrale avec laquelle elles communiquaient, et *ces longs corridors des prisons modernes dans lesquelles s'ouvrent les cellules latérales*[246]. Sans oublier sa fameuse description de la pneumonie chronique, l'induration grise des anciens anatomopathologistes, qu'il différenciait de la tuberculose par sa localisation à la base des poumons, le plus souvent de façon unilatérale, par l'absence de signes d'auscultation contrastant avec l'intense matité élastique à la percussion, par l'absence de sueurs nocturnes, et distinguait de la dilatation des bronches par l'association de la matité à des râles bronchiques

[243] Charcot J.-M., *O.C.*, 1891, **6**, 349-350 ; 119-120.
[244] Charcot J.M., *Leçons sur les maladies du foie et des reins*, Paris, 1877, 338.
[245] Charcot J.-M., *Leçons sur les maladies du foie et des reins*, Paris, 1877, 345.
[246] Charcot J.-M., *O.C.*, 1888, **5**, 24.

humides, nombreux et intenses[247]. Il avait consacré un exposé synthétique magistral à l'étude de la tuberculose en général et de la tuberculose pulmonaire, dans lequel il défendait la théorie de l'unicité de la phtisie, prônée par Laënnec, contestée par Virchow, rétablie par Thaon et Grancher, et *rejetait complètement la distinction fondamentale qu'on a dans ces derniers temps surtout, voulu établir entre la phtisie granuleuse ou à granulations grises, et la phtisie tuberculeuse proprement dite*[248].

Hématologie

Stimulé par les travaux allemands de Rudolf Virchow (1821-1902) et de Johann Uhle (1827-1861) sur les altérations du sang, oublieux d'Andral et de Donné, Charcot publia l'observation d'un malade hospitalisé à la Charité le 18 avril 1853 et décédé par autolyse (défenestration) six jours plus tard. A l'examen clinique, il présentait une volumineuse splénomégalie, bien délimitée par la percussion telle que Piorry l'avait enseignée à Charcot : *La percussion pratiquée en suivant une ligne qui part de l'aisselle pour se rendre à l'épine iliaque antérieure et supérieure, donne à la matité une étendue de 19 centimètres dont 16 au-dessus du rebord des côtes et 4 dans le flanc gauche ; en suivant une ligne qui forme avec la précédente un angle légèrement obtus, dont le sinus regarde en haut et à droite, on obtient une matité de 25 à 30 centimètres d'étendue ; en circonscrivant avec un crayon l'espace mat obtenu après avoir percuté dans toutes les directions intermédiaires aux deux précédentes, on dessine une figure ovale dont le grand axe est dirigé obliquement de haut en bas et de droite à gauche*[249]. Robin qui avait examiné, post mortem, le sang du malade, notait une augmentation du nombre des globulins (plaquettes) et, à côté de globules blancs normaux, c'est-à-dire anucléés, d'autres qui présentaient des anomalies de forme, une augmentation de leur diamètre et la présence d'un noyau. Les globules rouges étaient normaux. Enfin, *on rencontrait, dans le sang du ventricule droit, mêlés aux globules blancs, une grande quantité de cristaux lozangiques, forts ré-*

[247] Charcot J.-M., *O.C.*, 1888, **5**, 157-161.
[248] Charcot J.-M., *O.C.*, 1888, **5**, 307.
[249] Charcot J.-M., *O.C.*, 1888, **5**, 320.

guliers, légèrement colorés en rouge jaunâtre[250]. Ces mêmes cristaux seront également observés en 1872, par Ernst von Leyden (1832-1910), dans l'expectoration des asthmatiques.

[250] Charcot J.-M., *O.C.*, 1888, **5**, 325.

4

Janet et Freud

Pierre Janet

Parmi les proches collaborateurs de Charcot, Pierre Janet (1859-1947) occupait une situation exceptionnelle. Elève de Théodule Ribot (1839-1916), ce normalien agrégé de philosophie en 1882 et docteur en médecine en 1893, avait été engagé par Charcot qui l'avait mis à la tête de son laboratoire de psychologie expérimentale qu'il devait diriger jusqu'en 1910. Ce fut pour Charcot l'occasion d'introduire les sciences humaines en médecine et d'envisager l'existence de lésions réversibles d'origine psychophysiologique dans certaines affections nerveuses[251].

Janet avait consacré sa thèse inaugurale à l'automatisme psychologique. Il étudiait cette activité humaine la plus simple et la plus rudimentaire sous le nom d'activité automatique. Il rejetait l'idée selon laquelle certains prétendaient qu'admettre l'automatisme c'était faire de l'homme un simple automate. Il s'était donné comme objectif de démontrer la réalité de ces processus et de fournir la preuve de leur nature psychologique. La participation de la sensibilité et de la conscience à ces aspects de l'activité psychique lui paraissait indéniable et il pensait qu'elle pouvait soit occuper la totalité de l'esprit, soit n'en remplir qu'une partie quand plusieurs activités élémentaires se déroulaient simultanément dans une même pensée. Cela lui permettait d'expliquer les actes inconscients, les mouvements paradoxaux

[251] Lellouch A., *La nouvelle Théorie des sciences* de J.-M. Charcot 1826-1893, Hist. des Sc. Méd., **28**, 4, 1994, 303.

ou convulsifs, les actes inconscients ou les pulsions irrépressibles. Il avait étudié quatorze femmes et cinq hommes atteints d'hystérie. Partant de patients en état de catalepsie artificielle obtenue par une vive lumière brutalement dévoilée ou par compression des yeux au cours de l'hypnose, il obtenait l'immobilité du sujet, seuls persistant les mouvements de la vie végétative. Les constatations opérées chez ces patients étaient de quatre ordres. Tout d'abord, les membres et même les muscles de la face gardaient la posture ou la mimique qu'on leur donnait, comme si on les avait modelés. Cette persistance et cette continuité de toutes les modifications imposées au sujet étaient retrouvées systématiquement. En second lieu, le sujet imitait les mouvements exécutés par le médecin, mais en miroir : ainsi, il soulevait le bras gauche si ce dernier soulevait son bras droit. Janet parlait d'imitation spéculaire ou en miroir. On pouvait également agir sur l'audition : ainsi une des malades répétait à l'identique et avec la même intonation les paroles prononcées par Janet : parole en écho ou écholalie. Troisième phénomène, chez certains individus, les modifications imposées au membre droit étaient répétées par le membre gauche : syncinésie. Charcot et Richer avaient obtenu ainsi ces poses exprimant l'amour, la peur, la rage ou la moquerie immortalisées par les photographies de l'*Iconographie*. Enfin, dernier phénomène observé, le plus démonstratif car il illustrait bien l'intervention de ces automatismes signalés par Janet : *l'association des états les uns avec les autres*. Ainsi, quand il faisait joindre les mains à une des femmes en catalepsie, celle-ci s'agenouillait, penchait la tête et levait les yeux au ciel dans la posture la plus extatique qui soit[252]. Janet poussait l'expérience plus loin. Il mettait un crayon dans la main de la malade puis, alors qu'elle parlait d'autres choses, lui posait des questions ou de petits problèmes arithmétiques et la voyait qui écrivait les réponses sur le papier. Il estimait que cette écriture automatique, qui devait faire les délices des surréalistes, n'était pas totalement inconsciente. En revanche, il l'interprétait comme une scission en deux du champ de la conscience, la distraction opérait un dédoublement du moi : ainsi une personne tout en causant consciem-

---

[252] Daval S., Guillemain B., *Psychologie, les fonctions psychiques*, **1,** 523-540,

ment, écrivait simultanément, sans regarder le papier, des phrases qu'elle ne reconnaissait pas ensuite.

Les sujets étudiés ici partageaient avec les individus normaux cette activité automatique. Mais leur faiblesse les privait de l'activité surajoutée qui assurait la continuité d'une action entreprise et mettait en mouvement les moyens qui permettaient son accomplissement sur un laps de temps parfois considérable. L'activité automatique ne possédait ni cette unité, ni cette harmonie. Elle était constituée d'une succession de concepts peu nombreux, sans continuité, sans cohérence. On retrouve cette notion de faiblesse chez Pavlov.

Pour Janet, l'hystérie correspondait à une altération majeure de la structure de la conscience. Il en donnait la définition suivante : *L'hystérie est une forme de désagrégation mentale caractérisée par la tendance au dédoublement permanent et complet de la personnalité*[253]. Elle possédait en commun avec l'hypnose cette réduction du champ de la conscience qui expliquait la vulnérabilité à l'idée suggérée. Les images agissaient sur les hystériques comme un vécu fascinant qui se concrétisait dans *l'idée fixe.* Celle-ci trahissait l'emprise des manifestations d'automatisme psychologiques, que Freud identifiait comme l'inconscient, sur la conscience qui ne les réfrénait plus. L'hystérique lâchait la bonde et ce d'autant plus aisément que ses antécédents le mettaient *dans un état de faiblesse tout particulier, très disposé aux suggestions et très propre à recevoir une quantité d'idées fixes nouvelles*[254]. Ce phénomène de perte de contrôle ravivait (et avivait) les croyances, les désirs, les représentations mentales. Les symptômes, on pourrait dire les stigmates, de l'hystérie traduisaient ces processus d'affranchissement automatique en manifestations neurologiques motrices, sensitives et sensorielles, et en troubles psychiques à type d'amnésie, de dédoublement de la personnalité. Janet insistait sur cet aspect de déstructuration du Moi chez l'hystérique observé au cours des attaques mais aussi révélée par l'hypnose[255]. Celle-ci permettait aux phénomènes subconscients qui se manifestaient dans les rêves ou dans le somnambulisme naturel de se libérer et d'amener la révé-

---

[253] Janet Pierre, *Etat mental des hystériques. Les accidents mentaux*, Paris, 1895, 301.
[254] Janet Pierre, *Op. cit.*, 183.
[255] Ey H., Bernard P., Brisset Ch., *Manuel de psychiatrie*, Paris, 1963, 410.

lation de l'idée fixe qui obsédait le malade. Janet nous présentait le cas d'une jeune femme de trente ans, Marie, qui tous les mois au moment de ses règles, présentait un accès d'*hystéria major*. Par l'hypnose, il parvint à déterminer les raisons exactes de certains symptômes et à l'en guérir : elle avait très froid, vomissait du sang à la fin de l'attaque parce qu'elle s'était plongée dans un bac d'eau glacée à l'age de treize ans pour interrompre le flux menstruel et revivait cet épisode pénible chaque mois ; elle éprouvait une terreur irraisonnée parce qu'elle faisait ressurgir du passé l'émotion ressentie quand elle était fillette en voyant une dame âgée tomber dans un escalier et se tuer ; elle présentait une amaurose de l'œil gauche et une anesthésie du même côté car, toujours dans son enfance, on l'avait obligée à dormir avec un enfant atteint d'un impétigo de la joue qui réapparaissait tous les mois, avec la cécité et l'anesthésie du côté gauche. Janet lui avait suggéré par hypnose que tout cela était inexact et l'avait ainsi libéré de ses idées fixes[256]. Celles-ci restaient en quelque sorte tapies dans le subconscient, mais envoyaient des messages à la conscience normale la remplissant parfois en totalité soit au cours des attaques, soit sous hypnose[257]. Il expliquait les troubles de la sensibilité par la persistance d'une perception qui permettait à l'hystérique de distinguer lors de son application sur la peau la nature de l'objet et d'adapter sa réponse à cette application en fonction de cette perception et non, comme il le croyait, en fonction des propriétés de l'objet utilisé. Ainsi le sujet pouvait distinguer un aimant en bois d'un aimant en fer, il pouvait également, en observant les réactions des assistants, les gestes de l'opérateur, les infimes particularités des appareils, par exemple la présence d'aspérités au pôle positif d'un barreau aimanté et leur absence au pôle négatif, orienter sa réponse dans le sens souhaité par le médecin. Janet était convaincu du manque de rigueur de certaines expérimentations car les ayant effectuées avec plus de soin, il avait constaté que les malades devenaient incapables de distinguer les pôles ou le champ magnétique d'un électroaimant alors qu'ils prétendaient y parvenir précédemment[258]. *Ces anesthésies en segments géométriques ne correspondaient pas à*

---

[256] Janet Pierre, *Op. cit.*, 60-63.
[257] Janet Pierre, *Op. cit.*, 69.
[258] Janet Pierre, *Op. cit.*, 73.

des régions anatomiques innervées par un tronc nerveux, mais à des organes entiers tels qu'ils sont conçus et limités par la pensée populaire[259]. Les hyperesthésies désignaient les algies de tous les organes depuis la peau jusqu'aux viscères en incluant muscles, articulations et os. Janet admettait que la sensibilité était exacerbée sous hypnose. Il citait le cas d'une de ses malades, Léonie, qui ne distinguait pas sa main de celle d'un autre médecin hors hypnose mais qui, une fois hypnotisée, l'identifiait infailliblement et associait à ce contact des phénomènes hystériques caractéristiques. Les symptômes psychologiques qui accompagnaient ces douleurs intéressaient particulièrement Janet. Il faisait remarquer que, chez une patiente qui hurlait quand elle voyait les doigts du médecin s'approcher puis appuyer sur sa peau, ne manifestait aucune réaction quand ce geste était dérobé à son regard. D'aucuns souffraient avec certaines personnes, d'autres pouvant les manipuler sans dommage. Bien entendu l'absence de correspondance anatomique ou physiologique de ces anesthésies prouvait aussi leur nature imaginaire. En revanche, l'accident qui avait provoqué la souffrance initiale à l'origine de l'*idée fixe*[260], était la plupart du temps bien réel. Les tics, y compris ceux du langage comme le fait de bégayer ou le zozoter, la toux, le hoquet, le rire, le sanglot, les tremblements, les mouvements choréiques, tous ces signes apparaissaient *à la suite de traumatismes ou d'émotions morales*[261]. Pour illustrer le rôle de la grande misère sociale et familiale de ces hystériques de la fin du XIXème siècle, Janet, évoquait le cas d'Irène, 23 ans, dont la mère psychotique venait de mourir de tuberculose, et qui était exploitée par un père ivrogne bientôt décédé lui aussi. Cette malheureuse présentait des hallucinations essentiellement nourrics d'images de sa mère lui suggérant de se suicider ou de cesser de manger. Paradoxalement, les troubles de la sensibilité et les contractures ne se manifestèrent qu'à la disparition des troubles mentaux. Mais, chez la majorité de ces malades, les paralysies et les contractures hystériques étaient systématiques, localisées ou générales. Les troubles de la marche entraient dans la première catégorie : le malade, grabataire, ne présentait pas de troubles de

---

259 Janet Pierre, *Op. cit.*, 111.
260 Janet Pierre, *Op. cit.*, 89.
261 Janet Pierre, *Op. cit.*, 98.

la force musculaire ou des réflexes, mais il s'écroulait dès qu'on voulait le mettre debout ; d'autre fois, il conservait exclusivement la possibilité de sauter ou de marcher à cloche-pied à l'exclusion de toute autre.

Les paralysies et les contractures étaient localisées ou généralisées. Dans le premier cas, elles pouvaient concerner les muscles de l'hémiface, la musculature extrinsèque de l'œil, les muscles de la phonation. Les contractures se traduisaient alors par un bras restant le poing levé, un thorax fléchi en avant par des muscles de l'abdomen contractés en permanence, une main gardant la posture qu'elle avait prise en maniant une aiguille. Ces paralysies localisées survenaient tantôt immédiatement après l'accident, tantôt après un délai, la *période de méditation*[262], telle que l'entendait Charcot. Le sujet oubliait carrément un membre ou un segment de membre qui pendait inerte et insensible. Les contractures, elles, siégeaient au niveau du thorax avec des troubles respiratoires, du cou avec un torticolis, de la paupière avec un blépharospasme et enfin, au niveau de la région pharyngo-oesophagienne avec la boule suffocante des hystériques. Les paralysies généralisées se manifestaient par des hémiplégies, des paraplégies, des quadriplégies associées, et, c'était pathognomonique, à l'anesthésie du membre atteint que le malade traînait avec lui comme un poids mort, *comme un corps étranger qui serait attaché après lui sans qu'il en ait connaissance*[263]. Les contractures donnaient en général une position en extension, adduction et rotation en dedans du membre inférieur, en flexion de l'avant-bras sur le bras pour le membre supérieur.

Les anomalies de la vision posaient également de difficiles problèmes notamment en ce qui concernait la diplopie monoculaire. Janet estimait que le phénomène se passait au niveau des aires visuelles du cerveau qui était le siège d'une hallucination visuelle, son collègue Parinaud évoquait un trouble de réfraction du cristallin créant deux images sur la rétine[264]. Notons que Freud attribuait ces troubles visuels à la perte de contrôle du Moi sur l'organe au profit de la pulsion sexuelle refoulée avec pour

[262] Janet Pierre, *Op. cit.*, 110.
[263] Janet Pierre, *Op. cit.*, 113.
[264] Purves D. et al., *Neurosciences*, Bruxelles, 2011, 303.

conséquence la disparition de la domination consciente sur l'oeil[265].

Tous ces phénomènes neurologiques ne dépendaient pas d'une lésion du système nerveux mais d'un dysfonctionnement transitoire des neurones corticaux, lui-même consécutif à une forte émotion morale. Janet soulignait la part importante du mimétisme dans ces troubles : un ouvrier qui travaillait au contact du plomb avait imité la paralysie saturnine des muscles extenseurs dont était atteint un collègue de travail. Un rêve, une émotion ou une suggestion pouvaient les faire disparaître. Le massage (que Freud pratiquait lui-même sur ses patientes), les étincelles électriques obtenaient la guérison. Janet donnait son interprétation psychologique de ces manifestations hystériques. Pour lui, ces malades oubliaient l'usage du mouvement. Ils avaient perdu un mode d'emploi et seule une rééducation pouvait le leur restituer. Comment apparaissait cette *amnésie des images motrices*[266]? Pour certains auteurs, elle était en partie la conséquence de l'épuisement des centres qui les produisaient. Ainsi, une jeune fille qui avait rêvé plusieurs jours de suite qu'elle courait à perdre haleine pour fuir des agresseurs avait fini par être paraplégique, ce qu'on expliquait par l'épuisement des centres moteurs par la simulation de cette course onirique. Mais Janet contestait cette interprétation en montrant que certains malades paralysés retrouvaient leur mobilité quand on détournait leur attention du membre atteint, à condition que ce mouvement ait *lieu subconsciemment en dehors de la personnalité réelle du sujet*[267]. Parinaud avait constaté un phénomène analogue chez une malade qui ne pouvait tourner les yeux à droite (ophtalmoplégie) lors de l'examen ophtalmologique et qui, en revanche, lorsqu'on laissait tomber un objet par terre à sa droite tournait immédiatement et rapidement ses yeux de ce côté. Janet parlait chez ces malades d'un épuisement et d'un rétrécissement de la conscience qui libérait les actes subconscients. Mais cette hypothèse ne rendait pas compte des paralysies qui survenaient sans antécédents et qui atteignaient de façon élective un bras ou une jambe qui avaient été

[265] Freud S., *Œuvres complètes, psychanalyse, 1893-1895, Etudes sur l'hystérie et textes annexes*, Paris, 2009, **2**, 184.
[266] Janet Pierre, *Op. cit.*, 118.
[267] Janet Pierre, *Op. cit.*, 124.

récemment traumatisés, phénomène désigné par Charcot comme une monoplégie et qu'il attribuait à l'autosuggestion, à des idées fixes : *si l'hystérie est la grande simulatrice, elle est aussi la grande exagératrice, et l'idée fixe se développe à propos du trouble moteur et de la gêne apportés par la lésion*[268]. Il arrivait aussi que l'idée de la paralysie reste subconsciente et dans ce cas, il fallait essayer de démasquer ce phénomène psychologique ignoré du malade, ce à quoi parvenait parfois l'hypnose en débusquant l'idée fixe. Elle associait souvent l'idée d'engourdissement, d'impuissance, de paralysie. Janet était persuadé que, même au plus profond de l'hypnose ou d'une crise, des phénomènes psychologiques s'observaient chez l'hystérique, ce qui lui permettait de réfuter l'argument de ceux qui prétendaient que lorsqu'on provoquait une paralysie sur une malade en crise ou en sommeil hypnotique, cette action agissait seulement sur le physique.

Sigmund Freud

Et Freud ? Il rejetait catégoriquement l'interprétation de Janet qui attribuait la maladie à une faiblesse constitutionnelle du psychisme. Cela étant, il était indéniable que la notion d'idée fixe du psychologue de la Salpêtrière avait servi de point de départ aux théories freudiennes. La priorité de Janet était évidente, ses travaux précédant ceux de Freud de six ans. Mais celui-ci avait constaté que certaines de ses malades, loin de présenter cette psychasthénie signalée par Janet, avaient au contraire un tonus psychologique important et accomplissaient des performances intellectuelles étonnantes. Alors que Janet partait d'études de psychologie expérimentale, Freud se basait sur les résultats de ses essais thérapeutiques. Puisque ce trouble fonctionnel était hors d'atteinte des moyens d'investigation de l'époque, il optait pour une explication philosophique qui avait l'avantage de n'exiger aucune preuve expérimentale et permettait de se soustraire aux contraintes du laboratoire. A propos du cas de Dora, il avait donné sa définition de l'hystérie : *Je tiendrai pour une hystérique toute personne chez qui une occasion d'excitation sexuelle provoque principalement ou exclusivement des sentiments de déplai-*

[268] Janet Pierre, *Op. cit.*, 129.

sir, que cette personne soit capable ou non de produire des symptômes somatiques[269]. Il substituait par ailleurs à l'observation anatomo-clinique chère à Charcot une approche qui lui épargnait les rigoureuses contraintes de l'observation et de son sinistre corollaire, la nécropsie. N'oublions pas que son œuvre fondatrice s'intitulait *Etude sur l'hystérie* et datait de 1895. Son stage chez Charcot lui avait permis de s'imprégner de concepts erronés quant à l'origine de l'hystérie. Les présentations d'hystériques, aux leçons du mardi notamment, étaient chargées d'un érotisme qui faisait rougir le jeune médecin viennois[270]. Toutes ses déductions ultérieures seront entachées de cette prémisse inexacte. L'hystérie, c'était le péché originel de la psychanalyse. Josef Robert Breuer (1842-1925) ne croyait pas que toute névrose découlait de conflits d'ordre sexuels et avait cessé de collaborer avec lui pour cette raison. Alors qu'il adoptait une attitude moins exclusive que celle de Freud, ce dernier en faisait une loi d'airain et ne tolérait pas la position trop tiède à son goût de son ancien ami. Tout l'édifice psychanalytique reposait donc sur la notion du rôle d'un traumatisme sexuel initial, le plus souvent pré pubertaire, particulièrement dans l'hystérie[271]. Les faits sur lesquels il était fondé étaient primitivement entachés d'erreur et d'inexactitude, le tout empreint d'une incontestable misogynie[272]. Breuer et Freud restaient néanmoins persuadés que l'hystérie naissait d'un traumatisme psychique ancien que le malade avait enfoui mais qui continuait à le torturer à son insu, provoquant le symptôme somatique. Un *corps étranger*[273], selon l'expression de Charcot, qui, longtemps après son apparition, provoquait toujours des effets néfastes. Sa mise au jour libérait le malade à travers l'expression verbale de son émotion. Avec Breuer, Freud constatait que le fait de tirer de l'oubli le souvenir responsable déclenchait un choc émotionnel analogue au traumatisme initial. Le *ca-*

[269] Freud S., *Cinq psychanalyses,* Paris, 2008, 49.

[270] Quinodoz J.-Michel, *Lire Freud, découverte chronologique de l'œuvre de Freud*, Paris, 2005, 26-33.

[271] Quinodoz J.-Michel, *Op. cit.*, 32.

[272] Gay Peter, *Freud, une vie*, Paris, 1991, 589-598.

[273] Freud reprend cette expression dans son article intitulé *Über den psychischen Mechanismus hysterischer Phänomene* paru à Vienne en 1893. Freud S., *Œuvres complètes, psychanalyse, 1893-1895, Etudes sur l'hystérie et textes annexes*, Paris, 2009, **2**, 343.

tharsis[274] freudien était né, avec sa compagne fidèle, la logorrhée *divanatoire*, ce verbiage libérateur, éventuel avatar d'un acte vengeur, l'abréaction (*catharsis* ou libération du refoulé) n'excluant pas un crime passionnel par exemple. Désormais, l'hystérie, cette *œuvre d'art déformée*[275], allait occuper une place éminente dans le panthéon freudien. Le *primum movens* de cette névrose était une manifestation d'effroi sexuel, par exemple un abus commis par un proche. L'accès hystérique résultait de la réminiscence de cet épisode traumatisant et de sa reproduction en tant que conflit entre le plaisir sexuel et le déplaisir de l'évocation. Le souvenir de ce traumatisme n'avait pas été exprimé par les émotions appropriées au moment où il s'était produit, autrement dit, il n'avait pas été suivi d'*abréaction* (libération du refoulé ou *catharsis*). Dans le cas présent, c'était la contradiction entre le sexe et la morale qui provoquait un désir de fuite. Le souvenir était stocké dans un coin de la mémoire où il était apparemment oublié, autrement dit refoulé mais toujours prêt à ressurgir à l'occasion du premier traumatisme. Ce souvenir qui constituait le contenu de l'accès hystérique n'était pas n'importe lequel, c'était le retour de cette expérience vécue qui causait l'éruption hystérique, le trauma psychique[276]. Le refoulement revenait à caviarder un texte au lieu de le modifier. C'était un moyen de défense qui censurait plutôt que de falsifier. Mais néanmoins, il y avait chez l'hystérique des ajouts fabulateurs que Freud interprétait comme la réalisation de fantasmes, de désirs liés à la sexualité de l'enfant. La souffrance qui en résultait se traduisait par cette pantomime du corps découpé en une anatomie fantaisiste, les paralysies des différentes parties du corps correspondant à l'idée que s'en faisaient les malades et non sur l'anatomie et la neurologie mais sur une anatomie de représentation. Ceci correspondait, selon lui, à une attente sexuelle doublée d'une aversion. En somme les hystériques métamorphosaient

---

[274] Ce mot grec signifiait purification, évacuation : Aristote parlait de la purgation des passions. De façon triviale, on dit d'une personne ou d'une circonstance qui nous ennuie qu'elle agit sur nous comme une purge et nous l'exprimons d'une façon vulgairement scatologique. Freud et Breuer avaient repris ce terme pour désigner l'opération qui consistait à ramener à la conscience une idée ou un souvenir refoulés à l'origine de l'hystérie, abréaction salvatrice d'une émotion inhibée.

[275] Freud S., *Totems et tabous*, Paris, Payot, 1968, 88.

[276] Freud S., *Œuvres complètes* ... **2**, 364.

leurs angoisses en dégoût, en phobie et la convertissaient en manifestations corporelles destinées à l'effacer. Confrontés au souvenir redouté et esquivé, les malades traduisaient en actes l'événement refoulé. En même temps, ils exprimaient du ressentiment et revendiquaient une compensation toujours espérée, jamais obtenue. D'où la répétition compulsive des accès chez des névrotiques à la recherche d'un accommodement entre récompense et sanction, récurrence qui était le fruit de cette antilogie entre espoir et déception. Freud abordait également le rôle de l'hypnotiseur, personnage omnipotent qui engendrait chez l'hypnotisé crainte et attirance érotique. Il désavouait Breuer resté attaché à l'hypnotisme et cela pour deux raisons. D'une part, parce que certains hystériques étaient réfractaires à l'hypnose, d'autre part parce que l'hypnose ne permettait pas de distinguer une foule de névroses étrangères à l'hystérie et néanmoins guérissables par l'hypnose. Il lui fallait donc obtenir le *catharsis* par un autre chemin. *L'hypnose m'était bientôt devenue désagréable, parce que moyen auxiliaire capricieux et pour ainsi dire mystique*[277], disait-il. Il sépara ainsi diverses entités nosologiques comme la neurasthénie, la névrose d'angoisse et les représentations de contrainte (névroses obsessionnelles : l'homme aux rats) et constata qu'à l'exception de la neurasthénie et de la névrose d'angoisse, souvent isolée des autres névroses, on trouvait l'hystérie et la représentation de contrainte associées à une névrose d'angoisse. Freud ne proposait pas un traitement à visée causale. Ce qu'il voulait, c'était renforcer les défenses vis-à-vis de la nuisance. Par analogie avec la méthode de Bernheim réveillant des impressions anciennes provenant du somnambulisme, il faisait étendre ses malades leur demandant de fermer les yeux et de se concentrer, méthode rappelant l'hypnose mais obtenait la remontée de souvenirs sans artifice, simplement en appuyant la main sur le front du malade et en lui demandant ce qu'il avait vu. C'est ainsi que procédait Hippolyte Bernheim (1840-1919), chef de file de l'école de Nancy et pape de l'hypnotisme, auquel il avait rendu une visite de plusieurs semaines, en 1889[278]. Il obtenait ainsi l'émergence de souvenirs oubliés, parfois pathogènes, parfois simplement prémonitoires de leur dévoilement. Il quali-

[277] Freud S., *Œuvres complètes* ... **10**, 19.
[278] Sulloway Franck J., *Op. cit.*, 67.

fiait cette manœuvre de *truc pour prendre un moment au dépourvu le moi tout à l'envie de se défendre*[279]. Freud poursuivait un triple objectif dans sa démarche thérapeutique : vaincre patiemment la résistance psychique du malade, obtenir sa collaboration par la persuasion et percer à jour les raisons de sa défense afin de les dévaloriser et, si nécessaire, de leur en substituer de plus puissantes. Il y avait quelque chose de religieux dans la démarche de Freud et il l'admettait en se comparant à un confesseur qui accordait l'absolution. Chez les hystériques, il constatait l'apparition d'un symptôme qui s'invitait dans le colloque médecin malade *dès qu'on est entré dans la région de l'organisation pathogène qui contient l'étiologie de ce symptôme*[280], périphrase qui trahissait la frustration du thérapeute réduit à traiter des symptômes sans en connaître la cause.

Bertha Pappenheim, plus connue sous le nom d'Anna O. fut la première malade traitée par Breuer et Freud, c'était le cas emblématique et fondateur de la psychanalyse, son acte de naissance. Mais voyons le déroulement des évènements depuis son entrée en maladie comme dit joliment Breuer. Moins jeune que l'Augustine de Charcot qui en avait à peine seize, elle avait 21 ans en novembre 1880 quand elle consulta Breuer pour la première fois. Séduisante, cette jeune personne, pourvue de qualités intellectuelles, affectives et morales indéniables, avait la chance de ne pas avoir une hérédité névropathique chargée, ce qui à l'époque avait une importance considérable aux yeux des médecins. Visiblement le sexe n'intéressait pas Anna O. et son psychiatre la trouvait même transparente dans ce domaine. Elle se livrait avec ardeur aux activités ménagères consubstantielles à la condition féminine de l'époque dont on a dit qu'elle était *belle*. Néanmoins, elle était romanesque et se perdait souvent dans les rêveries de ce qu'elle appelait son *théâtre privé*[281]. On voit bien des nymphettes contemporaines se faire du cinéma. Mais cette vie insouciante et innocente allait bientôt s'interrompre. Son père tomba malade en juillet 1880 et, en dépit des soins attentionnés qu'elle lui avait prodigué, mourut quelques mois après le début des troubles mentaux de sa fille dont la santé ne cessa dès lors de

[279] Freud S., *Œuvres complètes* ... **2**, 304.
[280] Freud S., *Œuvres complètes* ... **2**, 323.
[281] Freud S., *Œuvres complètes* ..., **2**, 40.

s'altérer. On vit apparaître successivement chez elle une asthénie, une anorexie, une toux nerveuse, des somnolences ou des épisodes d'excitation, un strabisme convergent. Elle s'alita de décembre 1880 à avril 1881. Son état s'aggrava bientôt : tristesse, anxiété, instabilité de l'humeur, propos revendicateurs, gestes violents apparurent tandis que se manifestaient un strabisme accentué, des anomalies de la vision, une parésie des muscles du cou, des contractures et une anesthésie des membres supérieurs. Elle se plaignait d'hallucinations au cours desquelles elle voyait ses cheveux se transformer en serpents noirs. Elle présentait des symptômes de dédoublement de la personnalité qu'elle décrivait comme un combat entre son moi réel et l'autre, malfaisant, qui l'incitait à mal faire. Une désagrégation du langage lui faisait oublier les règles les plus élémentaires de la syntaxe et du vocabulaire qui la faisait s'exprimer dans un jargon inintelligible : paraphasie phonémique ? Breuer parvint à élucider l'origine de ces troubles et les symptômes s'amendèrent peu à peu. La mort du père début avril 1881 entraîna une rechute et réapparurent les signes visuels, les contractures, une prosopagnosie[282], l'emploi de langues étrangères, le refus de manger sauf avec son médecin, une somnolence diurne. Nouvelle aggravation avec angoisses, hallucinations diurnes effrayantes, alors qu'elle passait ses nuits à lire et à écrire en parfaite lucidité. Elle fit quelques tentatives de suicide. Breuer interpréta cette inversion des cycles de veille et de sommeil par une reconstitution inconsciente des alternances de veille et de repos qu'elle avait adoptées pendant qu'elle soignait son père. L'hypnose procurait à la malade une amélioration transitoire. Breuer s'aida avec du chloral, à la dose de 5 g (la dose maxima est de 8 g). Une nouvelle amélioration se manifesta, renforcée par l'acquisition d'un chien, et par des soins qu'elle donnait à des malades. Elle pouvait subir désormais les séances d'hypnose en ville. Un an après le décès de son père, elle présentait toujours deux états de conscience, normale dans la première, aliénée dans la seconde. Elle revivait les évènements de l'année précédente soit devant un objet qui les lui rappelait, soit à l'occasion d'une circonstance lui remémorant le passé, soit à la faveur de l'hypnose vespérale. Progressivement, sous l'effet de

282 Le malade ne reconnaît plus le visage de ses proches ou de personnages connus, mais parvient à les identifier par un détail caractéristique.

séances d'hypnose pratiquées matin et soir, les désordres psychiques et somatiques s'amendèrent. Breuer affirma que chaque symptôme avait disparu après le récit de la première circonstance déclenchante. La patiente désignait cette thérapeutique comme une *cure par la parole* ou *ramonage de cheminée*[283]. Il la considérait comme guérie en juin 1882 et déclarait avec assurance que : *Depuis, elle jouit d'une parfaite santé*[284]. Or des documents découverts au sanatorium de Bellevue où elle avait été admise en 1883 révélaient qu'elle y était entrée avec une lettre de Breuer pour une *légère folie hystérique* et une morphinomanie consécutive aux prescriptions de ce même Breuer qui s'était bien gardé d'en faire mention, ne parlant que du chloral.

L'observation de madame Emmy V, N... faisait suite à celle d'Anna O.[285]. Freud avait vu sa malade en consultation le 1er mai 1889. Cette hystérique de 40 ans était la riche veuve d'un industriel allemand installé en Livonie. Elle avait reçu une éducation très stricte et avait été mariée jeune à un homme plus âgé qu'elle. Elle avait deux filles de seize et quatorze ans. Depuis la mort de son mari, elle était souffrante. Des massages et des bains électriques la soulageaient momentanément. Puis son état s'aggrava à nouveau : elle se plaignit de douleurs, d'insomnies, de dépression. Quand elle consulta Freud, elle était entre les mains d'un éminent médecin de Vienne sans résultats, semble-t-il, car elle accepta d'emblée d'entrer dans un établissement où il promit de venir la visiter régulièrement. Freud la décrivait, allongée sur le divan, un coussinet sous la tête, crispée, douloureuse, parlant à mi voix, bégayant presque, s'interrompant pour émettre par instant un *clappement particulier*[286], les mains gesticulantes, sans cesse en mouvement, le visage et le cou agités de tics. Son discours était celui d'une personne sensée et cultivée, mais, par moments, elle l'interrompait, et, le visage empreint d'un sentiment d'horreur et de répulsion, engageait le médecin à ne pas lui parler, à ne pas la toucher. Freud estimait qu'elle n'avait pas conscience de ces épisodes, car, une fois apaisée, elle poursuivait ses propos sans proférer la moindre excuse. Il remarqua lors de la

---

283 Freud S., *Œuvres complètes* ..., **2**, 48-49.
284 Freud S., *Œuvres complètes* ..., **2**, 59.
285 Onfray Michel, *Le crépuscule d'une idole, l'affabulation freudienne*, Paris, 183-189.
286 Freud S., *Œuvres complètes* ..., **2**, 65-124.

visite qu'il lui rendit, le 2 mai, qu'elle sursautait chaque fois qu'une porte s'ouvrait brusquement. Elle se plaignait d'avoir froid et disait souffrir de la jambe gauche. Il prescrivit des bains chauds et des massages[287]. Il l'hypnotisa en plaçant simplement l'index devant ses yeux et en lui intimant l'ordre de dormir. Il lui suggéra, au cours de cette première hypnose, l'amélioration de son état. La seconde fois, Freud obtint le somnambulisme, c'est-à-dire l'oubli du déroulement de la séance. A l'époque, cette amnésie était considérée comme spécifique au stade somnambulique de l'hypnose. Il poursuivit donc ce traitement et crut avoir guéri sa patiente. Le 8 mai, elle lui raconta une histoire rocambolesque de jeune apprenti boucher auquel on avait enfourné une souris dans la bouche et qui en était mort. Il constata qu'un fait divers réel de maltraitance d'un apprenti avait inspiré ce récit à la malade, mais il n'était question de souris à aucun endroit de l'article. Il l'hypnotisa, elle oublia son fantasme et éclata de rire quand il lui en fit le récit. Sous hypnose également elle évoqua des frayeurs d'enfants, assez banales. Soit dit en passant, ce qui l'était moins, c'était la représentation visuelle qu'elle éprouvait à l'évocation ces souvenir, souvent peuplés d'animaux ou de cadavres, si réalistes qu'elle en tressaillait précisait Freud qui tenta de dissiper ces images par la suggestion. Le lendemain 9 mai, ayant vu dans un atlas des images d'indiens déguisés en animaux, elle éprouva une intense frayeur à l'idée qu'ils pourraient se matérialiser devant elle. Quand il la vit, elle souffrait de l'estomac, elle était excitée et présentait ce clappement, cette élocution hachée, qui trahissaient son angoisse. L'hypnose la délivra de ses hantises et elle éclata de rire quand il lui montra les images qui l'épouvantaient auparavant. La séance d'hypnose suivante permit à la malade d'évoquer des souvenirs concernant des maladies mentales chez des membres de sa famille, l'ictus survenu chez sa mère qui devait mourir quatre ans plus tard. Elle se remémorait également le choc produit par la découverte d'un crapaud sous une pierre, terreur qui l'avait rendue muette pendant des heures. L'insignifiance de ces évènements, tristes aléas de toutes les

[287] La phrase allemande dit exactement : *Ich ordne warme Bäder an und werde sie zweimal täglich am ganzen Körper massiren* (je prescris des bains chauds et je lui ferai des massages sur tout le corps deux fois par jour). Freud était-il également masseur ? Charcot considérait les massages chez les hystériques comme *une sorte d'hypnotisme local.* in *Leçons sur les maladies du système nerveux*, Paris, 1887, **3**, 398.

existences, est soulignée par la grave perplexité du psychanalyste préoccupé par la signification symbolique du crapaud[288]. Le 10 mai, après un bain de son, Freud procéda à un massage au cours duquel sa malade évoqua, en manifestant des signes de terreur, la mésaventure d'un cousin un peu balourd auquel on aurait fait arracher toutes les dents. Il l'interrogea sous hypnose et lui fit expliquer les raisons de son comportement parfois hostile : elle avoua redouter perdre le fil de sa pensée si on l'interrompait quand elle parlait, elle appréhendait tout contact physique parce que cela lui rappelait avoir été agrippée par des malades de sa famille qui déliraient, dans son enfance. Nouvelle suggestion de Freud pour la délivrer de ces peurs injustifiées. Il voulait savoir la raison de son bégaiement : sous hypnose, elle lui révéla qu'il était apparu à la suite d'un orage, au cours duquel les chevaux de sa voiture s'étaient emballés et qu'elle avait imaginé que le cocher ne pourrait les maîtriser. Freud ne le dit pas à sa malade, mais l'analogie entre le conducteur qui tirait sur les rênes pour maîtriser les chevaux et le surmoi qui tirait sur la langue pour freiner l'élocution lui était d'une totale évidence ! La venue d'un gynécologue qui devait examiner la fille de madame V. déclencha chez elle une crise d'angoisse. Freud l'hypnotisa à nouveau après le départ du confrère et lui fit évoquer des souvenirs de la maladie puis de la mort de son mari, de la maladie d'une autre de ses filles, de sa crainte des asiles d'aliénés, récit que Freud interrompit. Plus tard, elle fut reprise de bégaiement et refusa, sous hypnose, de lui dire pourquoi. Il interpréta cette résistance comme la traduction de représailles à son encontre pour l'avoir empêché de terminer son histoire. Interprétation totalement subjective du thérapeute. Nouvelle hypnose, cette fois elle faisait des délires zoomorphes épouvantables, les pieds des chaises devenaient des serpents, une pelote de laine se transformait en souris, un crapaud bondissait sur elle. Après qu'il lui eut intimé l'ordre de se souvenir de ces évènements le lendemain, elle s'écria *d'un ton fort grincheux que je devais non pas toujours demander d'où venait ceci et cela, mais la laisser raconter ce qu'elle avait à me dire*[289]. Et elle le lui dit, révélant que sa belle-famille faisait courir le bruit qu'elle avait empoisonné son mari. Des manifestations

[288] Freud S., *Œuvres complètes* ..., **2**, note p. 73.
[289] Freud S., *Œuvres complètes* ..., **2**, 81.

somatiques apparurent, douleurs dans le bras droit, gastralgies. Le moral était meilleur mais, il existait une certaine surexcitation avec des tics et le clappement. Sous hypnose, le 13 mai, elle eut une révélation et se souvint que les apparitions d'animaux dataient d'une représentation théâtrale au cours de laquelle elle avait été impressionnée par un lézard géant ! Les clappements, les douleurs de l'hypogastre et de l'estomac étaient liés, selon elle, à sa période de deuil au cours de laquelle on l'aurait forcée à manger. L'apparition d'une douleur et d'une insensibilité de la jambe droite incitèrent Freud à pratiquer une nouvelle hypnose qui fit resurgir des réminiscences effrayantes de rencontres avec des individus patibulaires qui l'avaient insultée, d'un mendiant qui s'était jeté à ses pieds, d'un cambrioleur qui avait pénétré par effraction dans son château isolé. Par la suite, la malade éprouva de l'angoisse et développa des sentiments d'auto culpabilité, se reprochant des vétilles. Freud attribua ce changement au déblaiement de la première strate, dévoilant une personnalité profonde marquée par l'autodépréciation, le doute et l'inquiétude. Toujours sous hypnose, il lui demanda les raisons de ses douleurs cervicales, de cette sensation d'une main glacée qui lui étreignait la nuque et elle ne sut quoi répondre. Freud suggérait une analogie avec les migraines considérées comme de nature hystérique : *Toutes les fois que j'ai vu chez madame Emmy la contracture de la nuque, il y avait également un accès de délire*[290]. Conformément aux conceptions thérapeutiques de l'époque, largement diffusées par Charcot, il pratiqua une application de courant faradique au niveau de la jambe anesthésiée. Quand il la revit au soir du 16 mai, elle se plaignait d'hallucinations essentiellement visuelles (souris géantes), auditives (piaffements, gémissements) et présentait des signes de confusion mentale. Il l'hypnotisa, et elle évoqua des souvenirs de douleurs survenues lors d'un séjour à Rügen, en Allemagne du Nord. Le 17 mai, bain de son, dont elle prit les particules pour de minuscules vers. Elle bégayait. Elle rêvait qu'elle marchait sur des sangsues, qu'elle toilettait des morts, qu'une chauve-souris était enfermée dans son armoire. Sous hypnose, elle se souvint d'une pelote d'épingle garnie de son d'où s'étaient échappés des asticots et d'une invasion de cra-

[290] Freud S., *Œuvres complètes* ..., **2**, note p.125.

pauds sur un chemin qu'elle parcourait avec son défunt mari. Elle justifia son bégaiement par l'effroi qu'elle ressentait devant ses propres évocations. Il essaya de la convaincre de l'amélioration de son état de santé, ajoutant qu'elle était à même de résister, qu'elle pouvait s'adresser verbalement à son entourage et considérer désormais avec détachement ce qui, jusqu'ici, l'avait oppressé. Il obtint le retour de la sensibilité de la jambe par l'hypnose, mais l'effet disparut en partie après le réveil. Le 18 mai, elle se plaignit, après le bain, de froid à la nuque, de douleurs au visage, aux mains, aux pieds. L'hypnose n'apporta aucune explication, mais le massage la soulagea. A la suite de la maladie mentale de sa fille, Emmy rechuta, accusant Freud d'être responsable de l'aggravation de la névrose de son enfant dont il avait sous estimé la gravité. L'interprétation de cette rechute était assez révélatrice de l'outrecuidance de Freud : *Elle supprima en quelque sorte par un acte de volonté l'effet de mon traitement et retomba aussitôt dans ces états dont je l'avais libérée*[291]. Néanmoins, elle revint vers lui. Elle allait mieux qu'il ne le pensait et il en conclut qu'une partie de ce qu'il avait *édifié l'année précédente s'était tout de même maintenu*[292]. Cette observation princeps de Freud, selon la méthode de Breuer, éclairait la différence radicale dans l'abord de l'hystérie par Freud et par Charcot. Celui-ci cherchait la preuve et traquait le symptôme. Celui-là ambitionnait d'aider ses malades à résoudre leurs problèmes. Le César de la Salpêtrière comme le surnommait Léon Daudet, adoptait une démarche avant tout étiologique. Le fondateur de la psychanalyse, une démarche thérapeutique. Elle bégayait, elle clappait, elle se frottait les mains, mais certes pas de satisfaction. Sous hypnose, elle prétendit avoir surpris un garçon d'auberge dans sa chambre. Elle l'avait pris pour un tas de vêtement et l'avait vu sauter en l'air devant elle quand elle l'avait effleuré. En réalité, à la suite d'une autre séance d'hypnotisme, elle avoua avoir surpris cet individu chez sa femme de chambre. Freud estima être parvenu à la débarrasser de ces expériences vécues mais douloureuses, mais il butait contre ce qu'elle dénommait sa *tempête dans la tête*. Il parvint enfin à la guérir en lui montrant le rôle que jouait la maladie mentale de sa fille dans l'apparition de ses épisodes

---

291 Freud S., *Œuvres complètes ...*, **2**, 95.
292 Freud S., *Œuvres complètes ...*, **2**, 96.

confusionnels. Mais un nouveau rebondissement survint dans cette observation un peu feuilletonesque, comme si le deus ex machina freudien épiçait sa mise en scène d'évènements inattendus. Cette fois, ce furent des troubles du comportement alimentaire, en relation avec le père et que Freud découvrit fortuitement (?). Sa malade était plus ou moins anorexique et de surcroît buvait insuffisamment. Comme elle se rebellait et refusait l'hypnose et les conseils diététiques de son thérapeute, il la menaça de lui faire quitter l'établissement. Finalement, elle se résigna et lui, comme s'il s'agissait d'un animal qu'on avait fini par dresser, il écrivit sans broncher : *Vingt-quatre heures plus tard je la trouvais humble et matée* (*Ich traf sie 24 Stunden später demüthig und mürbe.*)[293]. Il lui demanda sous hypnose, la véritable raison de ce refus de manger : c'était dit-elle parce que, durant son enfance, sa mère la punissait quand elle refusait de manger sa viande en l'obligeant à la consommer froide mais aussi parce qu'elle gardait un mauvais souvenir des repas avec son frère tuberculeux qui expectorait dans son crachoir pendant le repas ... Le traitement de Freud fut une réussite et la malade recouvra son appétit, oublia sa phobie des eaux minérales et prit du poids. Il reconnaissait cependant que, dans cette famille de névrotiques et même de psychoses paranoïaques, elle restait une hystérique avec son penchant pour l'*autotourment.* Elle offrit bientôt à Freud une nouvelle occasion d'exercer ses talents de magnétiseur : elle vint le consulter pour l'apparition d'une soudaine phobie des voyages ferroviaires. L'hypnose qu'elle subit la laissa sceptique sur son efficacité. Freud pour la convaincre du contraire imagina un stratagème un peu puéril. Au cours d'une séance d'hypnose matinale, il lui suggéra de lui demander un verre de vin au repas du midi et il écrivit sur un papier, qu'elle mit dans sa poche, la réponse qu'elle lui ferait. Le scénario se déroula conformément aux vœux du psychanalyste. Quand il lui offrit du vin, la patiente lui répondit exactement la phrase inscrite sur le papier. Il perdit Emmy de vue jusqu'au jour où il reçut d'elle une missive lui demandant l'autorisation de consulter un collègue psychiatre. Sa demande le laissa perplexe. Puis il se

[293] Freud S., *Œuvres complètes* ..., **2**, 100. L'emploi de ce mot illustre bien cette volonté de puissance présente chez Freud et dont il admet volontiers l'existence. *Machen Mürbe* signifie pousser à bout en Allemand. On parlerait aujourd'hui, d'abus de faiblesse.

souvint qu'en 1890, il l'avait aidée à se soustraire à l'hypnose d'un de ses collègues qui lui était devenu antipathique. Elle avait donc besoin qu'il la libérât de la préférence qu'elle lui avait accordée. Il répondit positivement et par écrit à cette prière. Le cas d'Emmy permettait à Freud d'attribuer l'origine de l'hystérie à des traumas du système nerveux se traduisant par des symptômes somatiques, et il désignait cette transposition de stimuli psychiques en syndromes organiques permanents sous le nom de *conversion.* Il était persuadé que cette transmutation en signes purement corporels avait empêché *si longtemps de la concevoir comme une affection psychique*[294], ce qui revenait à oublier les travaux précurseurs de Briquet. Freud était à l'aise pour expliquer les manifestations psychiques que présentaient les hystériques : les phobies concernaient souvent la peur de certains animaux, par tradition démoniaques, comme le crapaud ou le serpent, mais aussi des objets, des lieux ou des circonstances reliées à des évènements dramatiques. Les circonstances qui en restituaient le déroulement passé pouvaient, à tout moment, les réactiver. Les aboulies résultaient parfois de l'angoisse que suscitait une action à accomplir ou bien à la double inhibition résultant du refus d'accomplir une action associée au déplaisir qui résulterait de son accomplissement : je n'ai pas de goût pour telle activité et telle activité m'inspire du dégoût.

Les symptômes corporels, comme la paralysie, étaient peut-être consécutifs à l'impossibilité pour la partie distale d'un membre d'accéder à sa zone de représentation corticale, celle-ci étant incluse dans le souvenir du trauma qui rendait inexécutable les processus d'association neuronaux ... La douleur était due, soit à un seuil de perception des influx nociceptifs abaissé chez l'hystérique, soit à une réminiscence de douleurs antérieures. Les phénomènes moteurs étaient souvent corrélés aux douleurs ou bien exprimaient une émotion. Les tics traduisaient un conflit entre une action qu'on voulait empêcher et l'impossibilité de l'inhiber totalement. Freud parlait alors d'objectivation de la représentation de contraste, sorte de combat entre l'inhibition volontaire d'une activité, par exemple s'efforcer à ne pas faire de bruit, et ne pas être certain d'y parvenir. C'était une sorte

[294] Freud S., *Œuvres complètes ...*, **2**, 96.

d'échappement compensateur. Mais tous ces symptômes moteurs avaient en commun de se situer *dans une liaison discernable avec des traumas dont ils tiennent lieu dans l'activité mnésique en tant que symbole*[1]. Le doute commençait à s'installer dans l'esprit de Freud vis-à-vis de l'hypnotisme : il se rendait compte que la docilité de la personne hypnotisée n'engageait pas la totalité de la conscience et que les causes profondes de la névrose restaient inaccessibles à l'analyse sous hypnose. Seule l'analyse psychique permettait d'obtenir le *catharsis*[2]. Par ailleurs, il en était convaincu, ne pouvait pas être hystérique qui le voulait : une prédisposition héréditaire était nécessaire, mais elle ne se révèlerait qu'à l'occasion d'un trauma psychologique lié lui-même aux vicissitudes de la vie. Il rejetait l'hypothèse de l'étroitesse anormale du champ de la conscience, liée à une dégénérescence héréditaire, proposée par Janet, hypothèse à laquelle il opposait sa théorie de la misère psychologique secondaire à un épuisement, lui-même consécutif aux performances surhumaines de ces malades. Ainsi, Emmy assumait la marche d'une usine, l'éducation des enfants, une abondante correspondance avec des personnes à l'esprit éminent, autrement dit, elle faisait face à ses obligations professionnelles, familiales et sociales avec un mérite d'autant plus grand qu'elle souffrait d'un sérieux handicap psychologique. Elle accomplissait donc une *superperformance psychique*[3]. L'observation suivante datait de la fin de l'année 1892. Freud s'était éloigné de Breuer et son séjour parisien chez Charcot commençait à s'estomper dans les brumes du passé. Il expliquait ainsi les raisons pour lesquelles il avait adopté une nouvelle méthode d'investigation. Auprès d'Antoine Auguste Liébeault (1823-1904), à la clinique de Bernheim à Nancy, il avait appris que l'hypnotisme poussé jusqu'à l'obtention du somnambulisme était une thérapeutique puissante, à la condition d'obtenir un sommeil profond. Malheureusement, il n'avait pu y parvenir chez ses propres malades. Exaspéré d'entendre ses patients lui répéter qu'ils ne s'endormaient pas en dépit de ses objurgations réitérées, il avait décidé de feindre l'abandon de l'hypnose et d'exiger simplement la *concentration* en ordonnant pour y parvenir *d'être al-*

[1] Freud S., *Œuvres complètes ...*, **2**,114.
[2] Voir note n°274.
[3] Freud S., *Œuvres complètes ...*, **2**, 124.

longé sur le dos et de fermer les yeux volontairement[298]quitte à se priver ainsi du vaste domaine dans lequel se dissimulaient les souvenirs et leurs correspondances. Il avait vu Bernheim malmener une malade endormie puis, l'ayant réveillée, obtenir d'elle qu'elle finisse par raconter cet épisode désagréable après avoir soutenu qu'elle n'en gardait aucun souvenir. Freud en déduisit que les malades savaient déjà tout ce qui avait une signification pathologique mais qu'il fallait le leur extorquer. Il interrogeait donc le sujet et, posant la main sur son front (son fameux truc), il lui affirmait qu'il allait lui fournir la réponse. La démarche était moins rapide qu'avec le somnambulisme, mais les résultats étaient satisfaisants. Il en tirait cette conclusion : *Toutes les expériences vécues importantes en tant que pathogènes, y compris toutes les circonstances accessoires, sont fidèlement retenues par la mémoire, même là où elles semblent oubliées, la capacité de se les rappeler manquant au malade*[299]. Donc, la seconde malade de Freud, Lucy R., était une jeune gouvernante anglaise âgée de trente ans. Elle vivait dans la banlieue de Vienne et travaillait dans la famille d'un directeur d'usine. Elle souffrait d'une sinusite chronique. Elle était asthénique et déprimée. Les symptômes de sa névrose se bornaient à une anosmie, à une perte de la sensibilité des muqueuses nasales, à une analgésie générale avec une sensibilité tactile et des champs visuels indemnes. En revanche, elle était victime d'une hallucination olfactive précise : une odeur d'entremets brûlé. Freud flaira la bonne piste et partit à la recherche de cet ancien trauma odorant qui remontait à deux mois en arrière. A cette date, alors qu'elle préparait un entremet avec les enfants de la maison, on lui avait remis une lettre de sa mère. Les enfants la lui avaient arrachée et pendant qu'elle les poursuivait pour la reprendre, le dessert avait carbonisé répandant partout une odeur de brûlé. Il apprendra ainsi de la malade que cet incident s'était déroulé à une époque où, à la suite d'un conflit avec le personnel de la maison, elle s'apprêtait à démissionner. Or elle avait promis à la mère des deux fillettes sur son lit de mort, de la remplacer auprès d'elles. En les quittant, elle rompait cette promesse. Freud n'était pas satisfait de cette explication. Il soupçonnait à juste titre un autre enjeu derrière cette explication. N'était-

[298] Freud S., *Œuvres complètes ...*, **2**, 128.
[299] Freud S., *Œuvres complètes ...* **2**, 131.

elle pas éprise de son patron ? Il avait vu juste et obtint facilement les aveux de la jeune femme qui reconnut qu'elle avait cru un bref instant à un amour partagé mais que rien ne lui en avait apporté la preuve par la suite. Elle avait donc décidé d'oublier cette attirance sans espoir. Le résultat thérapeutique se borna à la disparition de l'odeur de gâteau brûlé, la malade restant par ailleurs déprimée et une autre odeur s'étant substituée à la première, celle d'un cigare ! Suivit une cascade d'évènements qui, au final, expliquaient tout, un peu comme dans les romans de Simenon où l'anamnèse éclaire la lanterne de Maigret en faisant ressurgir un par un des épisodes d'un passé initialement occulté. Le patron de cette gouvernante fumait des havanes : ils étaient en quelque sorte, son attribut olfactif. Ce monsieur avait empêché brutalement un de ses invités d'embrasser les enfants avant de s'en aller. Cela avait peiné la gouvernante et lui avait rappelé qu'il l'avait elle-même sévèrement réprimandée, quelques mois auparavant, pour n'avoir pas empêché une visiteuse d'en faire autant. La dureté de ses propos lui avait fait comprendre définitivement qu'il n'éprouvait aucun sentiment pour elle. Après cette ultime confession, la malade avait guéri. Freud interpréta cette réaction de Lucy R. à la fois comme une manifestation de faiblesse et une attitude de conservation. Le traumatisme était repoussé dans l'inconscient et dans son intégralité. Le mobile du sujet était de supprimer cette représentation, mais il ratait son coup et ne parvenait qu'à la mettre en quarantaine, isolement qui était rompu à l'occasion d'une émotion forte qui reconstituait l'ancien ressenti tout en masquant sa véritable origine. Simenon, je vous l'ai dit, Simenon. Le véritable coupable n'était jamais celui qu'on imaginait au début du roman.

L'analyse de Dora, Ida Bauer, datait de 1900. Elle était très démonstrative de la méthode de Freud qui la publia en 1905. Elle faisait appel à l'interprétation des rêves. Sa longueur témoignait de l'extraordinaire souci du détail de son auteur, plus de quatre-vingt dix pages dans l'édition des PUF[300]. Le thème aurait fourni le sujet d'une pièce de Feydeau : en échange de la tolérance du cocu, un père livrait sa fille au mari trompé dont la femme était devenue sa maîtresse. La jeune fille développait une

[300] Freud S., *Cinq psychanalyses*, Paris, 2008.

hystérie, non seulement à cause d'*affects déplaisants* (elle était devenue un objet d'échange et elle éprouvait en outre une attirance homosexuelle pour la maîtresse de son père), mais aussi du fait de la syphilis paternelle. En effet, s'il n'attribuait pas à l'hérédité la responsabilité entière de l'hystérie, Freud avait remarqué *qu'un pourcentage remarquablement élevé de mes malades, traités psychanalytiquement, est issu de pères qui ont souffert de tabès ou de paralysie générale*[301]. Sa description des transferts de sensations chez sa malade rappelait celle donnée jadis par Arétée de Cappadoce ou par Fernel pour expliquer les migrations de l'utérus dans le corps féminin. En effet, la perception par la jeune Dora du pénis en érection de l'homme qui l'avait étreinte, s'était convertie en un sentiment de pression sur le thorax, émotion elle-même intensifiée par une excitation clitoridienne, ces phénomènes traduisant le remplacement d'une *perception choquante* par une *sensation inoffensive*. Freud se complaisait à décrire les faux-fuyants que la malade proposait au psychanalyste pour dissimuler le fond de sa pensée. Ainsi le reproche vis-à-vis d'un tiers était une manœuvre d'évitement automatique d'un *autoreproche* que Dora refusait de s'infliger ouvertement. Il insistait sur le voisinage temporel des idées incidentes : tel symptôme apparaissait quand tel événement se manifestait. Ainsi Dora tombait malade, devenait aphone et toussait, quand l'homme qu'elle aimait, son père en l'occurrence, s'absentait. Une espèce de compensation s'établissait alors entre la perte d'une fonction et son remplacement par une autre. Ainsi, comme Freud le rappelait, Charcot avait remarqué que, chez les malades atteints de mutisme hystérique, la perte de la parole était compensée par une facilité nouvelle pour l'écriture. Freud avait retrouvé ce phénomène chez Dora. La toux traduisait selon lui une représentation d'*une situation de satisfaction sexuelle per os*[302]... L'innocent suçage de pouce du bébé était impliqué dans ce processus fantasmatique de l'hystérique, l'étape suivante étant le mamelon du sein maternel promu substitut du pénis. De la succion à la fellation, le rapprochement ne demandait pas un considérable effort d'imagination. Mais la soif de savoir du psychanalyste était inextinguible. Il cherchait la vérité qui se cachait

---

[301] Freud S., *Cinq psychanalyses*, note, 41.
[302] Freud S., *Cinq psychanalyses*, 67.

derrière une autre vérité encore plus prégnante. En l'occurrence, c'était l'homosexualité latente de sa cliente. Il affirmait que *là où, chez les femmes et les jeunes filles hystériques, la libido sexuelle s'adressant à un homme a connu une répression énergique, on constate régulièrement que celle s'adressant à la femme est renforcée par vicariance* (substitution) *et est même partiellement consciente*[303]. Freud avait mis à profit l'interprétation d'un rêve de Dora pour faire progresser l'analyse et pour rappeler que le rêve est *un souhait présenté comme accompli, que la présentation est une présentation qui dissimule quand le souhait est un souhait refoulé, appartenant à l'inconscient ...*[304]. Or le rêve de Dora évoquait la crainte d'un incendie dans une maison et la nécessité de sauver un coffret à bijoux, ce dernier étant un avatar des organes génitaux féminins ... Freud expliquait à sa patiente qu'elle avait rêvé du feu car elle désirait l'éteindre sans mouiller le coffre à bijou. Pour le présent, c'était une allusion à l'amour physique, qui mouillait (!) et, pour le passé, c'était à n'en pas douter, une évocation de l'énurésie, que Freud associait à la masturbation, pratiquée par Dora dès l'âge de huit ans. En effet, un rêve dans les règles *se tient pour ainsi dire sur deux jambes, dont l'une touche à l'occasion actuelle majeure* (le coffret à bijoux), *l'autre à un événement lourd de conséquences des années d'enfance* (l'énurésie et la masturbation)[305]. Le raisonnement par induction fonctionnait ici encore comme une mécanique bien huilée, l'auteur décidant arbitrairement des prémisses du syllogisme : les deux jambes du rêve. L'interprétation connut un rebondissement quand Dora se souvint d'une odeur de fumée associée à ce rêve. Freud eut vite fait de lui expliquer que cet épisode de son rêve était la réminiscence du goût du baiser que l'homme qui la désirait, fumeur impénitent, lui avait volé deux ans auparavant. Rappelons que Freud était un fumeur de Havanes : de là à supposer que sa cliente espérait un baiser de lui, il n'y avait qu'un pas, qu'il franchit illico. Il ne précisait pas s'il passa à l'acte. Un doute était permis car, de l'aveu de Sigmund, cet épisode allait clôturer la cure psychanalytique. Freud admettait

---

[303] Freud S., *Cinq psychanalyses*, ..., 80.
[304] Freud S., *Cinq psychanalyses*, ..., 86.
[305] Freud S., *Cinq psychanalyses*, ..., 90.

qu'il n'avait pas su se rendre maître du transfert[306] effectué par la patiente mais dont il l'avait averti trop tard. l

L'univers de Freud était peuplé de symboles : ainsi, pour lui, les nymphes et la forêt n'évoquaient pas ces divinités sylvestres dont Virgile peuplait les bois du Latium mais plus prosaïquement les petites lèvres de la vulve et la toison pubienne des femmes[307]. Il interprétait de façon subjective un phénomène naturel compatible avec un fonctionnement organique et cérébral normal : l'afflux brutal des émotions était analogue à une vague qui submergeait les digues que le sujet opposait habituellement à toute agression. On lâchait la bonde. La fureur, l'amok, appartenaient à ce type de manifestation, la passion amoureuse aussi. Le tort de Freud était d'avoir privilégié, sans le savoir, les oestrogènes, la progestérone et la testostérone plutôt que l'adrénaline, l'acétylcholine ou la sérotonine. Il est vrai qu'il envisageait l'existence d'une toxine sexuelle encore à découvrir qu'il baptisait libido et qu'il dotait de propriétés hasardeuses[308]. Il nourrissait le secret espoir qu'un jour une meilleure connaissance des métabolismes du cerveau le dispenserait de ce genre de bricolage conceptuel. Car, tributaire des connaissances biologiques de son époque, il tirait des conclusions erronées dont l'obsolescence au temps présent ne sembla pas prise en compte par ses successeurs : ainsi son schéma de l'arc réflexe dans lequel il comparait l'influx nerveux à l'écoulement au niveau du pôle effecteur de l'énergie apportée au pôle récepteur, était le pur produit de son imagination[309], comme celle de l'aphasie du reste. La démarche du psychanalyste qui essayait de faire revivre un épisode douloureux au sujet pour le libérer de sa névrose évoquait celle de l'homéopathe qui administrait à son malade une substance qui aurait aggravé son mal si elle n'avait été infiniment diluée. La charge affective nocive de l'analysé était diluée dans l'excipient

[306] Pour Freud, les transferts étaient des rééditions des émotions et des fantasmes appelés à être éveillés et rendus conscients au cours des progrès de l'analyse. Ils s'accompagnaient d'un remplacement significatif d'une personne préexistante par la personne du médecin. Toute une série d'expériences vécues antécédentes revivait non pas comme obsolètes mais comme une relation effective à la personne du thérapeute. Freud S., *Cinq psychanalyses...*, 135.

[307] Freud S., *Cinq psychanalyses...*, 118.

[308] Fedida P., Guyotat J., Robert J.M., *Génétique clinique et psychopathologie*, Paris, 1982, 163.

[309] Fedida P., Guyotat J., Robert J.M., Op. cit., 149.

des topiques. Enfin, cette obstination du Maître à attribuer les souffrances des malades aux aléas de la vie amoureuse, aux perturbations de l'Eros comme source de toutes les névroses, relevait de l'obsession ou du courrier du cœur[310]. Les destinées de ces quatre femmes étaient d'une banalité affligeante. Elles avaient croisé sur leurs chemins ce qu'une infinité d'humains avaient déjà coudoyé, coudoyaient ou coudoieraient jusqu'à la fin des temps : la maladie, la perte d'un être cher, les déceptions sentimentales, les échecs, les humiliations, les remords, la précarité, enfin cette litanie des malheurs susceptibles à tout moment de nous accabler. La compassion qu'elles inspiraient était autant liée à la tristesse de leurs existences qu'à l'inadéquation des thérapeutiques utilisées pour les soulager. Freud avait beau affirmer que *seule la technique thérapeutique est purement psychologique*[311] et que la mise en relief de l'*idée fixe* par Janet n'était qu'une schématisation bien piètre, sa théorie relevait du verbiage. Quel blabla devait s'écrier Lacan![312] Pour rétablir l'équité, disons que Janet n'aurait peut-être pas mieux fait que Freud, mais au moins avait-il la franchise d'admettre qu'on ne pouvait *prétendre guérir complètement et toujours l'hystérie, qui dans bien des cas constitue plutôt une manière d'être de la pensée, une infirmité du cerveau, qu'une maladie accidentelle*[313].

---

[310] Freud S., *Œuvres complètes ...*, **10**, 38.
[311] Freud S., *Cinq psychanalyses ...*, 132.
[312] Lacan J., *Intervention de ... à Bruxelles*, Quarto, suppl. à la Lettre mensuelle de l'Ecole de la cause freudienne, 1981, n°2.
[313] Janet, *L'état mental des hystériques*, Paris, 1931, 688.

5

Pavlov et Babinski

Pavlov

Ivan Petrovitch Pavlov (1849-1936) avait sa propre interprétation de l'hystérie, qui n'était pas celle de Sigmund, tant s'en faut[314]. Il reprenait la théorie proposée par Janet pour expliquer l'hystérie et selon laquelle cette névrose appartenait *à l'énorme groupe de maladies mentales qui sont les suites de la faiblesse ou de l'épuisement cérébral*[315]. Le cerveau fonctionnait normalement en effectuant un travail de synthèse et d'analyse déterminé par les réflexes conditionnés et agissant sur les centres sous-corticaux comme un régulateur ne laissant se manifester que ceux dont l'activité était justifiée par les occurrences du moment, par l'ambiance. Bien entendu si ce blocage était déficient, il libérait l'activation des centres sous-corticaux, ce qui pouvait expliquer les accès hystériques, convulsifs, émotionnels ou automatiques. Pavlov expliquait comment les tendances fondamentales de l'organisme (besoins alimentaires, sexuels, relationnels) émanaient de ces centres, mais étaient modérées, coordonnées et optimisées par le cortex : *Il y a ainsi deux modes d'action. La tendance après un examen préalable (parfois quasi instantané) par le cortex, se transforme au moment convenable, avec l'intensité adéquate, en acte moteur correspondant au moyen de la zone motrice corticale : c'est un acte raisonnable. L'acte déclenché sous l'influence de la seule tendance, sans contrôle préalable (peut-être même directement par les connexions sous-corticales)*

[314] Pavlov, *Œuvres choisies*, Moscou, 1954, 551-552.
[315] Pavlov, *Typologie et pathologie de l'activité nerveuse supérieure*, Paris, 1955, 116.

est un acte affectif, passionnel. Chez les hystériques, le deuxième mode d'action prédomine, par un mécanisme nerveux facile à comprendre. Il existe donc deux manières d'agir. L'action raisonnable s'effectue après l'investigation préalable (souvent instantanée) d'une tendance quelconque par les grands hémisphères, et sa transformation dans la mesure voulue et au moment requis par la région corticale motrice en une conduite ou un acte moteur. L'action affective ou passionnelle est directement déclenchée par les connexions subcorticales sous l'influence seule de la tendance et sans contrôle préalable de l'écorce. Chez les hystériques, c'est souvent, et cela en vertu d'un mécanisme nerveux qui est clair, cette dernière manière d'agir qui domine[316]. L'état de veille du cortex correspondait à un contrôle de la conscience sur les stimuli de l'environnement ; quand cette tutelle se relâchait, elle libérait les activités affectives violentes, des manifestations convulsives ou sensorielles incohérentes. Cette perte de contrôle, selon Janet et Pavlov, était particulièrement fréquente chez des sujets au système nerveux faible. Elle se produisait notamment quand les organes sensoriels étaient sollicités simultanément par des excitations sensitives diversifiées : flamme d'une bougie et vibration d'un diapason concomitamment. Bien entendu les émotions jouaient ici un rôle déterminant : si elles n'étaient pas maîtrisées par le cortex, elles libéraient les affects[317] sous-corticaux de l'instant, mais aussi ceux qui résultaient d'expériences vécues plus anciennes, et influençaient en retour les centres corticaux en quelque sorte contaminés par l'activité sub-corticale. Pavlov comparait ces mécanismes à un aiguillage qui, chez l'hystérique, dirigerait le flux nerveux émotionnel vers la zone sous-corticale plutôt que vers l'écorce. Le corollaire de cette déduction, c'était que la suggestion et l'autosuggestion correspondaient chez l'hystérique à une activité d'un cortex faible isolé de son contexte normal, activité qui devenait envahissante, prédominante, hypnotisante enfin : *Aussi la parole, l'ordre, restent-ils dans l'écorce isolés de toute influence, devenant un excitant impératif, absolu, fatal, même quand le sujet revient à l'état de veille*[318]. Pavlov identifiait l'hystérique à un hypnotisé chroni-

---

316 Pavlov, *Typologie* ..., Paris, 1955,116.
317 voir note page 80.
318 Pavlov, *Œuvres choisies*, 549.

que ! Il soulignait chez celui-ci la dissociation des trois systèmes qui assumaient dans le cerveau humain ses relations avec l'environnement et avec son propre psychisme : la région sous corticale, siège des émotions, des instincts avec un pouvoir d'adaptation limité ; les hémisphères cérébraux, exception faite de la région frontale, ouverts à une foule d'informations, doués d'un faculté d'adaptation importante ; enfin, le lobe frontal, dédié à l'analyse et à la synthèse, pourvu de l'outil formidable du langage. L'acquisition de la parole chez l'homme, lui permettait d'intégrer les signaux émanant du sub-cortex en symboles abstraits et de les incorporer en concepts rationnels. Il contestait l'explication de Babinski selon laquelle un symptôme hystérique était uniquement celui qui était provoqué ou supprimé par la suggestion : pour lui, c'était oublier l'omniprésence et la puissance des émotions rencontrés au quotidien par tout être humain et l'impossibilité de les reproduire par la seule suscitation[319]. Cette dissociation, cette inhibition corticale, cette prise de pouvoir par le cerveau sous-cortical sur les instances corticales plus ou moins vulnérables, étaient à l'origine de l'activité chaotique de la névrose hystérique. Pour Pavlov, visiblement, celle-ci était constitutionnelle. C'était une faiblesse inhérente du néo-cortex qui le désavantageait dans sa confrontation permanente avec le paléo cortex. Et c'était aussi pour lui le signe d'une certaine inaptitude aux combats de la vie. Il rejoignait le point de vue de Charcot et de Janet.

Il tirait trois enseignements de la constatation de la faiblesse des hémisphères cérébraux chez les hystériques : la grande suggestibilité de ces sujets qu'il justifiait par l'abaissement du seuil des excitations banales dans un environnement ordinaire avec pour conséquence un état d'inhibition généralisé ; la fixité et la concentration des processus neuronaux en un point précis du cortex en raison de l'emprise de la région sous-corticale ; enfin, la puissance et la diffusion de l'inhibition à l'ensemble du cortex en état de moindre résistance. Ce processus expliquait aussi selon lui le mécanisme de l'hypnose qui, affaiblissant le tonus cérébral, élargissait le champ de l'inhibition.

[319] Pavlov, *Œuvres choisies*, 555.

Babinski

Joseph Babinski (1857-1932) considérait l'hystérie comme un état psychique prédisposant le sujet concerné à s'autosuggestionner et la définissait comme un *état pathologique se manifestant par des troubles qu'il est possible de reproduire par suggestion chez certains sujets, avec une exactitude parfaite et qui sont susceptibles de disparaître sous l'influence de la persuasion (contre-suggestion) seule.* Par suggestion, il entendait *l'action par laquelle on cherche à faire accepter à autrui ou à lui faire réaliser une idée manifestement déraisonnable*[320], ce qui lui permettait de bien la différencier de la persuasion. Il avait proposé dès 1901 de désigner cette névrose sous le nom de pithiatisme qui associait deux termes grecs signifiant persuasion et guérissable et avait l'avantage d'écarter le terme d'hystérie chargée de significations discordantes. Il réfutait la faculté qu'aurait possédée l'hystérie de produire des phlyctènes, des ulcères, des gangrènes, de la fièvre. Quant aux anesthésies et autres paralysies, il les considérait comme des subterfuges créés par la suggestion médicale. De même, il estimait inexistantes l'exagération des réflexes tendineux dans la paralysie hystérique, l'immobilité pupillaire, la paralysie limitée au territoire d'un nerf. Il avait démontré que les prétendus stigmates, comme les troubles de la sensibilité ou les anomalies visuelles, étaient produits par les malades, soulignant le rôle de l'éducation, de l'entourage familial et du comportement des médecins. Contrairement à Paul Sollier (1861-1933) qui défendait, comme Pavlov, la théorie selon laquelle l'hystérie était simplement un mode spécial de réaction physiologique du cortex cérébral, il adoptait la démarche de Bernheim mais en réduisait la portée en excluant du domaine de l'hystérie tout symptôme que la volonté était incapable de reproduire ou qui ne pouvait être éliminés instantanément et radicalement par la suggestion[321]. Pour opérer cette limitation, Babinski dès 1901, soumettait ses malades à une observation tellement minutieuse et à une méthodologie clinique tellement rigoureuse, qu'il parvenait à empêcher toute duperie venant d'eux. L'hystérie, manifestation totalement exclue du domaine de la neurologie lésionnelle, deve-

---

[320] Babinski J., *Définition de l'hystérie*, Société de neurologie de Paris, séance du 7 novembre 1901, 2.

[321] Gehuchten A. van, *Les maladies nerveuses*, Louvain, 1936, 656.

nait un phénomène réversible, né de la suggestion et qui disparaissait par la persuasion. Le pithiatisme se substituait définitivement à l'hystérie. Trois raisons expliquaient selon lui la place excessive prise par cette névrose : les erreurs de diagnostics et leur lot de causes organiques méconnues, l'imposture de certains simulateurs qui dupaient les médecins, l'absence de distinction entre les troubles reproductibles par suggestion et ceux qui ne l'étaient pas. Ainsi, on pouvait provoquer *des crises convulsives, des paralysies, des contractures très variées quant à leur mode de localisation et à leur intensité, des tremblements, des mouvements choréiques parfois irréguliers mais généralement rythmés, des troubles de la phonation, de la respiration, des troubles de la sensibilité se manifestant par de l'anesthésie ou de l'hyperesthésie, des troubles sensoriels, des troubles vésicaux*[322]. En revanche, la suggestion était incapable de modifier les réflexes ostéo-tendineux[323], cutanés ou oculaires, pas plus qu'elle ne pouvait susciter des troubles vasomoteurs, sécrétoires ou trophique, ni provoquer des saignements, de l'anurie ou de la fièvre. En ce qui concernait l'hypnotisme, il le jugeait d'une essence analogue à celle des phénomènes hystériques. C'était un état psychique rendant le sujet qui y était soumis sensible à la suggestion d'autrui et qui faisait apparaître puis disparaître chez lui des phénomènes analogues aux manifestations de l'hystérie. L'hypnotisé subissait passivement la suggestion et la sujétion de l'hypnotiseur alors que l'hystérique jouait un rôle actif en s'autosuggestionnant. Et, comme pour donner raison à l'auteur de ce bouleversement, les cas recensés dans les hôpitaux allaient devenir de plus en plus rares. Babinski faisait abstraction de la personnalité de l'hystérique. Sa démarche avait été celle d'un neurologue non d'un psychiatre, pas même d'un neurophysiologiste. Pour lui, elle n'avait d'existence que comme trouble mo-

[322] Babinski J., *Démembrement de l'hystérie...*, 14.

[323] En 1896, Babinski découvrit un signe neurologique d'une valeur sémiologique considérable, le réflexe cutané plantaire. Chez le sujet normal, lorsqu'on excitait avec douceur la plante du pied avec une épingle, on observait une flexion des orteils. En revanche, dans toutes les hémiplégies, dans les paraplégies d'origine centrale, dans les hémorragies méningées, on notait une lente extension du gros orteil avec abduction des autres orteils (signe de l'éventail). On pouvait ainsi distinguer de façon formelle les hémiplégies ou les paraplégies d'origine hystériques de celles consécutives à un accident vasculaire cérébral. Babinski J., *Sur le réflexe cutané plantaire dans certaines affections organiques du système nerveux central*, C.R. soc. bio., 1896, 9ème série, **3**, 207-208.

mentané du comportement sans existence réelle dans un domaine purement neurologique. Elle ne faisait intervenir que l'imagination, aucunement l'affectivité. Il faisait remarquer que si l'émotivité était intervenue, ces troubles auraient dû se manifester à l'occasion de toutes les agressions auxquelles l'humanité avait été soumise depuis la nuit des temps. L'imagination, en revanche, expliquait très bien la contagion des crises convulsives dans les communautés humaines par imitation et même dans le cercle restreint de la famille pour *émouvoir l'entourage*. Il avait fait de l'hystérie une coquille vide laissant la place soit aux interprétations péjoratives : le pithiatique, incapable d'émotivité, était un simulateur, soit aux explications psychanalytiques : l'hystérique était un névrotique qui exprimait de façon excessive au niveau de son corps, des idées, des images et des affects inconscients, autrement dit qui effectuait une conversion somatique. Mais Babinski n'admettait pas *que la guérison des accidents pithiatiques, même quand elle survient dans des circonstances propres à émouvoir, soit due directement à l'émotion que le malade a pu ressentir*[324]. Absente chez Babinski, l'émotivité régnait en maîtresse chez Freud.

[324] Babinski, *Démembrement de l'hystérie...*, 18.

6

Charcot, Freud et André Breton

Peu avant sa mort, Charcot, qui avait cultivé et bouturé l'hystérie comme une plante vénéneuse, était persuadé qu'il s'agissait d'une maladie fonctionnelle accessible à la suggestion. Son unique objectif, c'était de donner une explication physiologique de l'hystérie, de la faire entrer dans le gabarit de la méthode anatomo-clinique. Paul Briquet (1799-1881), avait déjà consacré un volumineux ouvrage à l'hystérie en 1859, et Charcot l'avait lu. Tous deux s'accordaient pour la considérer comme une maladie organique mais, alors que Briquet y voyait une souffrance cérébrale des centres nerveux sensoriels se manifestant par des comportements passionnels, Charcot parlait d'une lésion dynamique. Son idée fixe à lui, c'était de *fournir la preuve*[325]. Freud citait cette anecdote, alors qu'il apportait la contradiction à Charcot sur un point de neurophysiologie et lui faisait remarquer qu'il était en contradiction avec certaines théories. Le Maître, toujours pragmatique, lui aurait répliqué : *La théorie, c'est bon, mais ça n'empêche pas d'exister*[326]. Certes, il admettait qu'une manifestation neurologique provoquée par une idée fût susceptible de disparaître sous l'effet d'une idée contraire. Mais *entre ces deux faits terminaux combien de chaînons intermédiaires restent dans l'ombre*[327]. Pour le premier, l'hystérique répétait ces épisodes émotifs en surimpression aux autres pathologies, ce qui se tradui-

[325] Charcot J.-M., *Leçons sur les localisations du cerveau*, Paris, 1876, 4.
[326] Sulloway Franck J., *Freud, biologiste de l'esprit*, Paris, 1998, 28-29 ; Freud S., *Cinq psychanalyses*, Paris, 2008. 134.
[327] Charcot J.-M., *Leçons sur les maladies du système nerveux ...*, **3**, 2.

sait par des manifestations protéiformes. Charcot récusait ce rôle de caméléon dévolu à ces sujets car il tenait beaucoup à les garder dans le domaine du pathologique. Il avait donc codifié les cinq stades de la crise d'hystérie : la grande crise, l'*hysteria major* ; les formes mineures (syncopes, symptômes extra-pyramidaux, pseudo épilepsie, pseudo tétanos) ; les états crépusculaires ; les amnésies paroxystiques ; la catalepsie. A ces cinq stades répondaient les périodes bien spécifiques du grand hypnotisme : *la léthargie, la catalepsie, le somnambulisme*[328].

Il devait revenir sur cette opinion, en admettant dans son dernier article que la foi pouvait guérir les maladies, mais uniquement celles que produisait l'esprit. Et sa conviction profonde était que ces affections relevaient de l'hystérie[329]. Il soulignait le rôle néfaste des histoires de Croquemitaine qu'on racontait aux enfants ou des croyances aux revenants et autres ectoplasmes qu'on leur inculquait dès l'âge le plus tendre, souvent afin de les rendre plus dociles devant la menace d'un père fouettard. Il condamnait non moins sévèrement la bigoterie et les pratiques spirites fort à la mode en son temps[330]. Charcot semblait avoir eu l'intuition de l'existence de cet immense domaine du psychisme qui renfermait les informations acquises par l'individu mais absentes du champ de sa conscience. A l'appui de cette hypothèse, la découverte récente dans ses archives d'un schéma de sa main, datant de 1892 et représentant autour du noyau central du moi, un moi latent, l'inconscient[331] et, à l'écart, un autre élément, *l'idée fixe qui paralyse*, prémonition du surmoi freudien. L'explication qu'il proposait pour comprendre les paralysies dépendant d'une idée (*P. dependant of idea*), les paralysies par imagination (*P. durch Einbildung*) allait dans le même sens : *Grace aux notions récemment introduites dans la science sur la névrose hypnotique, il nous est devenu possible, dans une certaine mesure, de faire intervenir l'expérimentation dans l'étude des cas de ce genre. Nous savons que chez les sujets plongés dans l'état d'hypnotisme, il est possible -et c'est là un cas devenu vulgaire-*

[328] Charcot J.-M., *Leçons du mardi à la Salpêtrière. Policlinique*. Notes de cours de MM Blin, Charcot et Colin, 1887-1888, 139.

[329] Charcot J.-M., *La foi qui guérit*, Revue hebdo., 1892, **7**, 112-132.

[330] Charcot, *Leçons sur les maladies du système nerveux ...*, **3**, 226.

[331] Bouchara C., Mazet P., Cohen D., *Un premier schéma de l'inconscient par Charcot*, Psychiatr. Sci. Hum. Neurosci., 2010, **8**, 3, 163-169.

de faire naître par voie de suggestion, d'intimation, une idée, un groupe cohérent d'idées associées qui s'installent dans l'esprit à la manière d'un parasite, restant isolé de tout le reste, et pouvant se traduire à l'extérieur par des phénomènes moteurs correspondants[332].

Peter Gay, biographe bienveillant du père de la psychanalyse, a eu cette réflexion étonnante à propos des relations entre Charcot et Freud : *Car la puissante personne de Charcot allait l'éloigner du microscope et l'entraîner dans une voie que Freud allait jalonner brillamment : la psychologie.* Freud ne disait-il pas *qu'aucun autre homme n'a jamais eu autant d'influence sur moi*[333]. Pourtant, le jeune médecin viennois était venu à Paris comme boursier[334] de la Faculté de Médecine de Vienne et la commission de professeurs lui avait attribué cette bourse afin qu'il étudiât à Paris la neurologie et non la psychologie. Charcot eut de nombreux élèves en dehors de Freud, et non des moindres. Tous, sans exception, avaient secondé leur maître dans ses travaux scientifiques. Ainsi Charles Bouchard avait étudié en 1860 l'origine micro-anévrysmale de certaines hémorragies cérébrales, notamment chez le vieillard, Pierre Marie avait décrit les arthropathies tabétiques douloureuses en 1868, puis, en 1886, l'amyotrophie distale dégénérative héréditaire, Edouard Brissaud (1852-1909) avait rédigé son atlas anatomique du cerveau -il fut son élève préféré et il lui confia son fils Jean-Baptiste comme interne[335]-, Jean Albert Pitres, avait collaboré aux articles sur les centres moteurs corticaux, dont ils feront un livre. Il ne s'agissait pas de contredire le patron et ses disciples se gardaient bien de contester ses théories concernant l'hystérie notamment. En somme, Sigmund fut un élève de Charcot qui aurait mal tourné, oubliant que son maître parisien écrivait : *... la physiologie nouvelle se refuse à considérer la vie comme une influence mystérieuse et surnaturelle, qui agirait au gré de son caprice en s'affranchissant de toute loi ... Elle ne va pas à la recherche de l'essence ou du pourquoi des choses, car l'expérience lui a prouvé que l'esprit humain ne saurait aller au-delà du comment, c'est-à-dire au-delà des causes prochaines ou*

---

[332] Charcot, *Leçons sur les maladies du système nerveux ...*, **3**, 335-336.

[333] Gay Peter, *Freud, une vie*, Paris, 1988, **1**, 109-110.

[334] Sulloway Franck J., *Freud, biologiste de l'esprit*, Paris, 1998, 23.

[335] Poirier Jacques, *Edouard Brissaud, Un neurologue d'exception dans une famille d'artistes*, Paris, 2010, 75.

des conditions d'existence des phénomènes[336]. Charcot fascinait Freud qui le considérait comme un démiurge seul capable de distinguer l'organique du psychique à une époque où, dans le fourre-tout des névroses, la rage, le tétanos, l'épilepsie, l'ataxie locomotrice tenaient compagnie à l'hystérie. On a parlé d'idéalisation et de transfert paternel, juste retour des choses. Freud le reconnaissait dans ses lettres de l'année 1886 à Martha Bernays (1861-1951), sa future épouse[337]. La réciprocité était peu vraisemblable, car Charcot, n'aimait et n'estimait ses élèves qu'en fonction de leur travail dans son service et à son service. Il est vrai que Freud lui avait proposé de traduire le troisième volume de ses *Leçons*, et plus tard, les *Leçons du mardi*, ce à quoi Charcot avait consenti. Il devait l'en remercier de façon laconique en lui envoyant une carte de visite griffonnée de quelques mots. La distance de maître à élève était rigoureusement maintenue. C'était néanmoins pour le jeune Viennois une chance inespérée de se faire connaître. Or Freud avait vite délaissé la recherche fondamentale. Incontestablement, Charcot avait séduit, voire hypnotisé, le futur auteur de la *Traumdeutung*, et sans doute réveillé en lui cette passion magnétique dont Janet disait qu'elle établissait un lien filial entre Charcot et ses malades, quand ce n'était pas un sentiment érotique chez de jeunes et séduisantes malades. Freud était très impressionné par le grand homme. Ganté et cravaté de blanc, à peine sorti de chez le *friseur*, après avoir pris un peu de cocaïne, il s'était rendu à la somptueuse réception du mardi soir à laquelle Charcot l'avait invité pour la première fois dans son hôtel particulier du boulevard Saint Germain[338]. Il devait raconter qu'au cours d'une de ces réceptions, il avait surpris une conversation entre le *vénéré professeur* et Brouardel à propos d'une consultation récente au cours de laquelle Charcot se serait écrié : *Mais dans des cas pareils, c'est toujours la chose génitale, toujours ... toujours ... toujours*[339].

Freud se méfiait un peu de Charcot et estimait, à tort, qu'il était agacé par les idées des autres, surtout quand elles étaient intelligentes[340], mais il le respectait néanmoins. Il devait quitter le

---

[336] Charcot J.M., *O. C.*, Paris, 1890, **7**, XXV.
[337] Mijolla Alain de, *Les lettres de Jean-Martin Charcot à Sigmund Freud (1886-1893). Le crépuscule d'un dieu*, Rev. Franç. Psychanal., 3/1988, 703-725.
[338] Mijolla Alain de, *Op. cit.*, 707.
[339] Freud S., *Œuvres complètes*, **XII**, 256.
[340] Mijolla Alain de, *Op. cit.*, 708.

service de la Salpêtrière le 23 février 1886. Cette vénération qui lui avait fait accrocher une reproduction du tableau de Brouillet, *La Leçon clinique du Dr Charcot,* dans son appartement, ne l'empêchait pas, bien qu'il sublimât son mentor, de s'en écarter et très précisément à propos de l'hystérie. Pendant deux ans, jusqu'en 1888, les deux hommes ne correspondirent pas, puis, à la suite d'une lettre de Freud annonçant la prochaine parution d'un livre, Charcot lui adressa une réponse encourageante lui souhaitant le succès pour son ouvrage, et plus familièrement, lui demanda de saluer sa femme et d'embrasser sa fille[341]. Les lettres de septembre 1888 et janvier 1889 reflétaient toujours les relations un peu distantes entre le patron (c'est ainsi que ses collaborateurs s'adressaient à Charcot) et le jeune disciple. Charcot, on s'en serait douté, n'y était pas tendre pour Bernheim, discrètement soupçonné d'affabulation[342]. Au fil de sa correspondance avec Freud, les lettres initialement d'ordre purement technique, puisqu'elles concernaient des problèmes de traduction et d'édition, se firent plus familières, les formules de politesses plus amicales. Mais Freud s'émancipait, jusqu'à prendre l'initiative d'ajouter des notes dans sa traduction des *Leçons du Mardi* sans en avoir informé Charcot auparavant ... Ce dernier le lui fit remarquer avec quelque ironie[343]. Sa dernière missive, datée de 1892, était brève et la formule de politesse, un peu sèche, proclamait simplement des *sentiments dévoués.*

Influencé par Bernheim, Freud allait donner tort à Charcot et à son école qui soutenaient que seules les hystériques pouvaient être hypnotisés. Pour lui, l'hypnose était un processus psychologique normal proche de la veille et du sommeil. Il affirmait *qu'en matière d'histoire naturelle, c'est toujours l'expérience seule et jamais l'autorité dépourvue d'expérience, qui emporte la décision.* Broussais affichait la même assurance quand il qualifiait de physiologique sa médecine qui n'était que dogmatique. La psychanalyse n'avait d'expérimental que le nom : science d'observation, science passive, elle incarnait un considérable retour en arrière épistémologique en redonnant le premier rôle aux systèmes, en replaçant l'orgueil métaphysique au cœur de la pensée dite scientifi-

[341] Mijolla Alain de, *Op. cit.*, 711.
[342] Mijolla Alain de, *Op. cit.*, 713.
[343] Mijolla Alain de, *Op. cit.*, 719.

que. Freud, dont les créations idéales reflétaient les propres songes, était néanmoins convaincu de leur pertinence et de leur réalité. Dès lors, parti d'une sublime idée préconçue, il fallait fatalement qu'il ne vît dans ses résultats que la validation de sa théorie. Malheureusement, on retrouvait cette démarche chez Charcot. Certes, l'anatomie pathologique semblait avoir atteint ses limites et l'ensemble des médecins de cette fin de siècle avait l'illusion de pouvoir substituer une pathologie neurologique plus dynamique aux études purement cadavériques effectuées jusque là[344], mais était-ce une raison ?

Pour Freud, l'hystérie prenait naissance dans l'inconscient des malades. Son étude, avec Breuer, d'une patiente libérée périodiquement de ses symptômes par la simple évocation de ses souvenirs, lui avait suggéré l'existence d'inhibitions et l'avait amené à imaginer la notion de refoulement, le plus souvent d'origine sexuelle. Charcot qui parlait de secrets d'alcôves l'avait mis sur la piste et l'avait incité à faire du sexe le pivot d'une théorie et d'une technique d'introspection de l'imaginaire[345]. Le plus étonnant, c'était l'absence d'esprit critique du créateur de la psychanalyse vis-à-vis des observations de Charcot, dont certaines étaient truquées, des actrices recrutées à son insu par son entourage médical, jouant le rôle qu'on leur avait fait répéter. Ainsi, sur son divan, l'analysé jouait sa pièce devant un public qu'il ne voyait pas, mais qu'il devinait, qu'il imaginait. François Robert a admis que l'interruption des séances d'analyses par Dora, une malade hystérique de Freud, ne fut pas une vulgaire scène de rupture mais bien une véritable scène de théâtre, où un dernier rebondissement devait permettre à Freud de dénouer l'intrigue[346]. Les Grecs de l'Antiquité attribuaient un effet bénéfique aux décharges émotionnelles provoquées par les situations pathétiques propres au théâtre, ce fameux *catharsis* qui purgeait les esprits de leurs émotions trop longtemps contenues. Dès lors, on comprenait l'effet thérapeutique de cette abréaction (libération du refoulé ou *catharsis*) d'une émotion refoulée à l'origine de manifestations hystériques. Freud et Breuer n'avaient fait que retrouver ces recettes immémoriales. Le petit théâtre freudien allait désormais se jouer à huis clos entre

[344] Gay Peter, *Op. cit.*, **1**, 11.
[345] Freud S., *Œuvres complètes*, **XII**, 259.
[346] Freud S., *Cinq psychanalyses* ..., 11.

l'analysé auteur, metteur en scène et acteur de son propre drame et le thérapeute, spectateur et critique muet, doté d'une autorité immanente. Le spectacle se déroulait en présence de l'analyste auditoire dont le sujet imaginait les émotions à mesure que se déroulait son récit. Comment ne pas croire qu'il le modifiait en fonction de l'effet qu'il en attendait au gré de son humeur du moment ? Valéry parlant des *freudomanes*, soulignait l'aspect narratif de l'analyse soumise à la double interprétation du sujet inventif et du médecin compréhensif[347]. La ressemblance avec l'attitude de l'hystérique qui choisissait la nature de sa crise en fonction de son public et de l'effet visé était évidente. Janet soulignait l'existence chez ces malades instables d'innombrables formes d'activité cérébrale[348]. L'hystérique jouait la comédie comme l'analysé théâtralisait. Charcot rendait ses malades hystériques, Freud les rendait phobiques[349]. Tout n'était qu'interprétation subjective dans les explications que donnait Charcot de l'hystérie. Il était tellement rempli de son sujet que lorsqu'une de ses malades l'avertissait à l'avance des gestes brutaux qu'elle allait accomplir et le priait de s'écarter pour éviter d'être frappé, il en concluait : *Il semble donc, fait important du point de vue psychophysiologique, que l'acte soit précédé d'une représentation mentale qui avertit la malade de ce qui va se passer*[350]. Toute la genèse des topiques freudiens était contenue dans ces quelques mots. L'erreur, c'était d'avoir transformé un mécanisme banal de préparation à une activité motrice en un processus pathologique. Plus tard, c'est ce qui devait faire de Freud le psychothérapeute de malades mentaux imaginaires et de la psychanalyse une discipline de soins pour gens mentalement sains. Le raisonnement par analogie devenait le pilier essentiel de la psychanalyse. Elle allait procéder dorénavant par symboles, métaphores, allégories, paraboles. Ainsi ce passage de Virgile dans lequel Junon exprimait sa fureur : *Flectere si nequeo superos, Acheronta movebo*[351] (S'il m'est impossible de fléchir les dieux, je soulèverai l'Achéron), était interprété par Freud comme le recours des fonctions psychiques supérieures à l'inconscient, ci-devant Achéron, pour que les désirs refoulés puissent se manifester. Mais, si l'on

---

[347] Valéry P., *Op. cit.*, **2**, 161-162.
[348] Daval S., Guillemain B., *Psychologie, les fonctions psychiques*, **2**, 650.
[349] Laplanche J., Pontalis J.B., *Vocabulaire de la psychanalyse*, Paris, 2007.
[350] Charcot J.M., *O. C*, Paris, 1890, **3**, 223.
[351] Virgile, *Enéide*, Les Belles Lettres, Paris, 1936, **2**, VII, 22.

poursuivait la lecture de ce VIIème livre de l'Enéide, on arrivait à ce passage, négligé par Freud : *Ceu quondam torto volitans sub verbere turbo, quem pueri magno in gyro vacua atria circum...*[352] (Avez-vous déjà vu voler sous les coups de fouet la toupie que les enfants, en grand cercle attentifs à leur jeu, font tourner autour de l'atrium désert ?). Cette toupie, n'était-ce pas le patient que l'analyse faisait tourner indéfiniment dans son désert *topical,* lancé dans une auto-flagellation sado-masochiste évidente ? L'avantage, ou l'inconvénient du langage figuré, c'était d'exprimer ce que l'utilisateur du moment voulait bien lui faire dire. On pouvait en tirer parti pour faciliter la compréhension dans un but pédagogique ou pour susciter l'émotion, mais la subjectivité de ses interprétations était telle qu'on aurait dû le réserver au domaine de l'enseignement ou de l'art. L'interprétation par Freud du tableau de Vinci, la Vierge, Jésus et sainte Anne, illustrait parfaitement ce genre d'excès. Freud croyait discerner dans cette célèbre toile la silhouette d'un vautour dont la queue, symbole phallique, touchait la bouche de l'enfant divin. Le peintre avait raconté dans ses mémoires, qu'un oiseau serait venu lui ouvrir la bouche dans son berceau, souvenir refoulé d'une fellation subie dans son enfance, si l'on en croit Freud. Pourquoi cet oiseau en particulier ? Simplement parce que, dans l'Egypte des pharaons, le vautour incarnait une divinité féminine, symbole de la maternité, et fécondé par le vent. Les Pères de l'Eglise avaient récupéré ce mythe pour conforter celui de l'immaculée conception. Vinci ne pouvait l'ignorer. Il l'avait donc transposé dans son tableau[353]. Malheureusement pour Freud, cette explication devait être formellement démentie, une erreur de traduction du texte écrit par l'auteur de la Joconde ayant montré qu'il ne parlait pas d'un vautour mais d'un milan.

Les psychanalystes devaient succomber au principe d'autorité[354] dont étaient imprégnées les théories freudiennes. Ils allaient attribuer tel acte ou telle image à telle inclination dissimulée pour établir un code d'attributs d'une implacable inflexibilité. Paul Guillaume (1878-1962) définissait ainsi, avec beaucoup de pertinence, les limites structurelles de la psychanalyse : ... *malgré une quantité d'observations fines et probablement justes, la psy-*

[352] Virgile, *Op. cit.*, **2**, VII, 22.
[353] Freud S ., *Œuvres complètes*, **10**, 81-164.
[354] Guillaume P., *Manuel de psychologie*, Paris, 1952, 302, § 197.

chanalyse reste extrêmement ***arbitraire*** *dans l'application de ce principe général, dans l'attribution de telle ou telle image ou de tel ou tel acte à telle tendance cachée, dans l'établissement d'un code des symboles qui rappelle la populaire clef des songes*[355]. Cette irréfutabilité de la psychanalyse la situait hors du champ scientifique[356], Lacan en convenait : *Que la psychanalyse ne soit pas une science, cela va de soi*[357] : l'erreur commise dans l'interprétation des causes de l'ulcère gastro-duodénal en témoigne de façon irréfutable[358]. Ainsi la crise d'hystérie ne pouvait être autre chose qu'une angoisse de frustration sexuelle se traduisant par une crise convulsive qui représenterait une satisfaction libidinale substitutive du désir, un ersatz d'orgasme en somme.

Que l'hystérie fût une régression, une immaturation de la personnalité, une fuite dans l'imaginaire infantile, c'était une possibilité. Le fait que les Surréalistes et tout particulièrement André Breton (1896-1966), l'éternel adolescent, confiant à jamais dans le génie de la jeunesse, ce *merveilleux talisman*[359], s'en fussent emparés, le laisse penser. *C'est la plus grande invention poétique du siècle*, s'était écrié l'apologiste du Dadaïsme. Il avait souligné le rôle précurseur d'Albert von Schrenck-Notzing (1862-1929) au premier Congrès International de l'Hypnotisme de Paris en 1889 au cours duquel celui-ci avait souligné la valeur artistique des manifestations de l'hystérie et des résultats de l'hypnotisme[360]. Breton expliquait l'efficacité de la suggestion, par l'existence d'une attirance mutuelle entre la malade et le praticien. On n'était pas éloigné de la théorie de la séduction initialement adoptée par Freud. Breton lui faisait la part belle dans le *Manifeste du Surréalisme*. Il proclamait que le père de la psychanalyse avait ouvert à deux battants les portes de la prison du réalisme et du matérialisme pour laisser au poète, enfin affranchi

---

355 André Breton, *Œuvres complètes*, La Pléiade, 2008, **1**, 195.

356 C'est Karl Popper (1902-1994) qui proposa le critère de réfutabilité comme seul capable de distinguer, parmi les propositions qui font sens, celles qui sont véritablement scientifiques.

357 Lacan J., *Intervention ... à Bruxelles*, Quarto, suppl. à la Lettre mensuelle de l'Ecole de la cause freudienne, 1981, n°2.

358 Teyssou R., *Une histoire de l'ulcère gastro-duodénal, Le pourquoi et le comment*, Paris, 2009, 69-71.

359 André Breton, *Op. cit.*, **2**, 379.

360 André Breton, *Op. cit.*, **1**, 316.

des réalités sommaires[361], le libre accès aux vastes étendues d'un monde imaginaire que Breton, en total désaccord avec Freud du reste, assimilait aux fondements de la psychanalyse. Il voyait en celle-ci l'outil pour accéder aux tréfonds de l'esprit humain et se figurait, tel un scaphandrier ramenant des abîmes quelque mystérieux butin, tirer du néant grâce à elle d'énigmatiques pouvoirs de longue date oubliés. On pouvait se demander si Breton n'avait pas saisi intuitivement la véritable nature de la psychanalyse. Il posait un regard d'enfant sur cette belle mécanique, sur cette incomparable machine à explorer l'incohérence. Sa connaissance de l'hystérie l'aidait considérablement dans sa quête du dieu Protée. Il échappait au piège dans lequel étaient tombés Charcot et Freud. Le premier par excès de pragmatisme. Le second par abus de dogmatisme. Breton faisait un retour vers l'enfance, mais pas la sienne, celle de tout le monde. Il n'allait pas quérir je ne sais quel traumatisme subi dans cet âge tendre, et douloureusement refoulé. Non seulement il substituait au rêve freudien exclusivement nocturne le surréel rêve éveillé, mais de surcroît, il affirmait que, loin d'être le moyen de dévoiler l'inconscient, le rêve permettait de réaliser les plus profondes aspirations du rêveur. Le rêve exprimait le besoin de transformer le réel. Le rêve était subversif. On comprend la réaction horrifiée de Freud, bourgeois conformiste, vis-à-vis de cette hérésie. Il suffit de relire la lettre de Freud à Breton au sortir de la lecture des *Vases communicants* pour savoir que l'illustre Viennois n'appréciait pas beaucoup les impertinences de l'auteur. Il lui reprochait notamment de l'avoir accusé de plagiat aux dépens du philosophe John Volkelt (1848-1930) à propos de l'interprétation des rêves. Avec acidité, il lui expliquait que le surréalisme restait pour lui une énigme tant en ce qui concernait sa définition que ses objectifs[362]. Bien entendu Breton ne démordit pas de ses affirmations et, malgré d'hypocrites protestations de respect et d'admiration à l'égard de Freud, montra bien qu'il n'en pensait pas moins. Il reprochait notamment à l'auteur du *Traumdeutung* de s'être gardé d'évoquer sa sexualité personnelle dans l'interprétation de ses propres rêves. La philosophie de Freud restait pour lui entachée de *méta-*

---

[362] André Breton, *Op. cit.*, **2**, 212.

physique[363]. Jacques Lacan (1901-1981) devait reprendre cette expression à son compte en 1977[364].

Babinski, auprès duquel Breton avait été externe, avait dépouillé l'hystérie des oripeaux dont Charcot l'avait affublée. Et il n'en resta plus rien. Si, il resta Augustine, devenue bien malgré elle la muse convulsive de Louis Aragon (1897-1982) et de Breton sous six incarnations, six photographies délibérément provocatrices choisies parmi les clichés de l'*Iconographie* et sélectionnées pour incarner l'appel, l'érotisme, l'extase et la moquerie[365]. Augustine avatar de la mystérieuse Nadjia devenait l'Augustine égérie de la futile juvénilité de Breton. L'hystérie, en perpétuel devenir, n'était plus là que pour subvertir et pour séduire.

---

[363] André Breton, *Op. cit.*, **2,** 812.

[364] Lacan J., *Intervention ... à Bruxelles*, Quarto, suppl. à la Lettre mensuelle de l'Ecole de la cause freudienne, 1981, n°2.

[365] Aragon, Breton, *Le cinquantenaire de l'hystérie*, La Révolution Surréaliste, 15 Mars 1928, **4**, N°11, 20-23.

Conclusion

Charcot abordait l'hystérie comme il avait abordé les autres domaines de la pathologie : en expérimentateur, en clinicien et en thérapeute. Il faisait feu de tout bois : les remèdes, l'hydrothérapie, l'électricité, l'hypnose, la métallothérapie. Mettons nous à sa place, quand ses malades présentaient plusieurs attaques hystériques par jour et cela pendant des mois : 1293 accès sur une année pour Augustine[366], entre 150 et 200 accès dans l'espace d'un jour pour la dénommée Cotte chez laquelle, *le 22 janvier entre autres, les convulsions épileptiformes se sont succédées sans interruption depuis neuf heures du matin jusqu'à huit heures du soir*[367]. Il fallait soulager les souffrances des malades, car n'oublions pas que la douleur était le symptôme le plus impressionnant de ces accès d'hystérie, qui s'accompagnaient d'*un cachet de souffrance tellement horrible que les assistants, même les plus habitués, ne peuvent se défendre d'une pénible émotion*. Pour lui, l'hypnose était à la fois un moyen de guérison et un instrument pour reproduire puis vérifier expérimentalement un phénomène naturel, le sommeil. C'était un outil d'exploration mentale. Il ne disposait pas de l'électroencéphalogramme, encore moins du SPECT[368], du PET scan[369] ou de l'IRM fonctionnelle[370].

---

[366] Bourneville, Regnard, *Iconographie photographique de la Salpêtrière*, service de M. Charcot, Paris, 1878, **2**, 167.

[367] Bourneville, Montmeja, *De l'hystéro-épilepsie*, Revue photographique des hôpitaux de Paris, 1872, **4**, 282.

[368] Le SPECT ou Single Photon Emission Computed Tomography emploie des radio-isotopes dont la diffusion est proportionnelle au débit du sang et dont la rétention cérébrale est suffisante pour permettre une imagerie tomographique.

[369] Le PET scan ou Tomographie par émission de positons est une technique d'imagerie médicale permettant de mesurer en 3 D l'activité métabolique d'un organe grâce aux

Le seul stimulus à sa disposition s'adressait aux organes sensoriels, moteurs ou viscéraux de ses malades que ce soit à l'état de veille ou sous hypnose. Le seul résultat enregistrable recourait à l'instrumentation de son temps : le plessimètre, le stéthoscope, le thermomètre, l'ophtalmoscope et le périmètre, l'appareillage électrique de Duchenne de Boulogne, les enregistreurs de pression et de mouvement proposés par Ludwig et Marey, la photographie. Jauger ces procédés à l'aune de nos connaissances actuelles serait une absurdité. Tout comme serait extravagant d'évaluer la démarche psychologique des aliénistes de cette époque au regard des méthodes contemporaines. Charcot voulait démontrer, découvrir la preuve. Il tirait des déductions à partir de prémisses avérées. Il appliquait une méthode, des procédés techniques qui lui avaient réussi par le passé comme en témoignaient ses travaux de neurologie. Son erreur fut d'avoir utilisé cet arsenal d'examens cliniques, technologiques, biologiques et psychophysiologiques et d'avoir focalisé toutes les ressources d'un service de neuropathologie performant sur un objectif qui ne relevait pas du domaine de la pathologie expérimentale telle qu'elle existait à son époque, l'hystérie. L'outil était inapproprié à l'objet étudié.

Néanmoins, son intérêt pour l'hypnose est validé par les recherches contemporaines. Elle retrouve ses indications dans le traitement de certains troubles *somatoformes* mais également parce qu'on se pose à nouveau la question de savoir si l'hypnose et son ancienne convergence avec l'hystérie (disons : conversion) est à nouveau d'actualité. Ainsi P.W. Halligan a publié en 2000, dans le Lancet, un article dans lequel il revisitait les concepts oubliés établissant des relations entre hystérie et hypnose, avec comme présupposé que les réseaux neuronaux mis en action sont les mêmes. Cette fois, il suggérait par hypnose une paralysie du membre inférieur droit et mesurait l'activité cérébrale, d'une part

émissions de positons provenant de la désintégration d'une substance radioactive injectée auparavant. Cette méthode explore le métabolisme cellulaire : outre la détection des cancers, elle permet de mettre en évidence des régions actives du cerveau lors de telle ou telle activité cognitive.

[370] L'IRM f est une application de l'imagerie par résonance nucléaire permettant d'objectiver indirectement l'activité cérébrale. Elle repose sur l'enregistrement des variations hémodynamiques cérébrales locales lors de la stimulation de ces zones. Cette localisation repose sur l'effet BOLD (Blood Oxygen Level Dependant) conséquence de l'aimantation de l'hémoglobine des hématies.

lors de la préparation du mouvement, d'autre part lors de son accomplissement pour le membre gauche *sain* et pour le membre droit *malade*. Alors que le mouvement réellement effectué par le membre inférieur gauche activait normalement le cortex moteur controlatéral, non seulement l'activation mentale du membre droit n'entraînait aucune exécution motrice à son niveau, mais elle provoquait une activation du cortex orbitofrontal, dédié à l'inhibition de l'action, et du cortex cingulaire[371] qui intervient dans le filtrage des mouvements inadaptés [372].

Si les futures recherches dans ce domaine se confirmaient, cela tendrait à démontrer que, si l'hystérie était un phénomène pathologique, alors, l'hypnose serait un agent provocateur pathogène puisque l'une et l'autre provoquent le même type d'activités cérébrales. Mais, jusqu'à nouvel ordre, l'hypnose est un procédé thérapeutique. L'hystérie serait alors un mécanisme autonome dépendant de neurones dont la stimulation induirait cette réaction de défense, tout comme certains neurones fabriquent des opioïdes endogènes. Il existerait une similitude entre la modulation du comportement et celle de la douleur. Dans cette éventualité, Freud aurait peut-être eu tort d'abandonner l'hypnotisme.

Les trois prétentions du freudisme : d'abord dévoiler les causes complexes des maladies mentales ; ensuite démontrer la responsabilité des parents dans leur apparition et finalement, prétendre à les guérir[373] allaient dérouler leurs fastes par, pour et à travers l'hystérie désormais libérée de l'hypnose. Sans l'hystérie, la psychanalyse n'aurait jamais vu le jour. Le coup de génie de Freud fut d'avoir fourni une explication et une thérapeutique intangibles et en rupture totale avec tout ce qui avait été proposé avant lui. Son imagination lui avait permis de se démarquer des théories de son époque et de s'affranchir des données de la science en cette fin de XIXème siècle, en somme d'avoir plongé dans l'inconnu, dans l'improbable par insatisfaction devant le connu décevant et le probable peu convaincant que proposait la médecine de son époque. Faute de trouver des solutions à l'énigme de l'hystérie dans les neurosciences représentées par

---

[371] Le gyrus cingulaire appartient, avec l'hippocampe et le septum à un groupe de noyaux et de voies nerveuses correspondant au système limbique hérité des mammifères primitifs.

[372] Mouchabac Stéphane, *Op. cit.,* 26.

[373] Ferry Luc, *La génétique contre les psy*, Le Point, 21 octobre 1995, 1205, 105-114.

Charcot et son école, il avait cherché la solution d'un problème qui le dépassait en fondant une biologie de l'esprit totalement virtuelle. Il avait véritablement échafaudé autour du concept d'hystérie une superstructure spéculative concevable à l'époque, discutable au temps présent. Mais, pour utiliser un langage métaphorique, la question se pose de savoir si cet échafaudage destiné à ravaler le vieil édifice positiviste de l'hystérie érigé par Charcot ne s'était pas bâti autour du néant pour n'avoir pas compris que ce qu'il voulait rénover n'avait d'existence que conceptuelle. Freud était un psycho-dialecticien. Le formalisme psychanalytique trahissait cette faiblesse originelle. De pétition de principe en pétition de principe, de sophisme en sophisme, il ergotait et ratiocinait. Sa doctrine a survécu comme avait survécu avant lui le système humoral, comme survivent les axiomes. Tout est question de proportion entre l'ignorance et la connaissance. L'étendue du domaine spéculatif est directement proportionnelle à celle du manque d'acquis scientifiques. Il existe une certaine similitude avec le terrain religieux où les croyances et les superstitions prospèrent sur l'illettrisme et l'inculture. En l'absence de socle scientifique, la théorie dialecticienne se substitua à la méthode expérimentale. L'état des connaissances dans le domaine des neurosciences jusqu'aux dernières décennies du XXème siècle explique ce phénomène qui correspondait à un repli sur des concepts et des méthodes de raisonnement analogues à celles de Galien ou de Fernel. En effet, le dogme freudien reposait sur les accidents évolutifs de la libido et le mécanisme du transfert sur le plan somatique. Le dilemme venait de ce que l'hystérie n'entrait pas dans le cadre nosologique des névroses d'organe. Purement psychique, elle ne pouvait être incorporée dans la pathologie générale. Organique, elle perdait son statut d'hystérie. Du reste, ce n'était pas tant la psyché qui était interpellée et interprétée par le psychanalyste que la parole et la teneur que cette parole signifiait à un moment donné. C'était plus le moment ponctuel où le malade s'exprimait que la restitution intégrale d'évènements autrefois vécus qu'interprétait le psychanalyste. Et ce langage était lié à tant et tant d'aléas structurels, culturels, factuels, propres à l'idiome utilisé, à la façon dont il avait été acquis, qu'il ne fallait plus parler de psychanalyse mais de *speak-analyse*, comme l'avait involontairement qualifiée une malade de Jung[374]. Le psychologue prenait la proie pour l'ombre. C'était une analyse philologique à laquelle il se livrait. Till Lustig (1889-1956) écrivait à ce propos en 1928 : *Die ehemalige Ärzte sprachen in Latein vor ihrer Patienten. Es war ein Weg, zu erfreuen sich und ihre Unwissenheit und ihre Ohnmacht zu verbergen. Psychoanalytiker verwenden denselben Vorgang in das gleiche Ziel in der « Freudschen » oder in der « Jungschen » sprechen. Es ist der « Babelismus » der unwissenden*[375] (Les anciens médecins s'exprimaient en latin devant leurs malades. C'était une façon de les émerveiller et de camoufler leur ignorance et leur impuissance. Les psychanalystes utilisent le même procédé avec les mêmes objectifs en parlant le « freudien » ou le « jungien ». C'est le « babélismes » des ignares). Cette démarche était conforme à la doctrine fondatrice qui faisait que le nom prenait *la trompeuse apparence d'une explication de ce qui est nommé*[376]. Prenons un exemple : pour inviter quelqu'un à comprendre sans autres explications ce qui vient d'être dit et lui suggérer d'agir en conséquence, un Français dira, à bon entendeur, salut. En revanche un Anglais s'exclamera, *Happy he who can understand* (heureux qui peut comprendre) et un Allemand *Sie verstehen schon* (Ils comprennent déjà). Pour dire de quelqu'un qu'il ne dit pas la vérité, le Français s'exclamera, il ment comme un arracheur de dent. L'Anglais : *He lies like a thief* (il ment comme un bandit) et l'Allemand : *Er lügt wie gedruckt* (il ment comme imprimé). Trois façons d'exprimer un même sentiment, avec des mots différents et une intention commune : inciter un interlocuteur à tenir compte d'un même avertissement ou désigner quelqu'un comme un fourbe. Or l'hystérique parle le langage de ses organes, dit-on. Ce n'est pas un langage polyphonique mais polymorphique, encore plus insaisissable que le langage parlé car sans règles d'orthographe ni de syntaxe. Paul Valéry, à propos de l'interprétation des récits incontrôlables du malade, disait qu'*on ne peut distinguer ce qu'il invente de ce qu'il a rêvé ... le rêve ne peut être représenté à l'esprit (décrit) sans perdre ses caractères*

---

[374] Jung C.G., *Psychologie de l'inconscient*, Paris, 1996, 35 note.

[375] Lustig T., *Wahrheit und Wachtraum*, Berlin, 1928, 13.

[376] Lorenz Konrad, *Les fondements de l'éthologie*, Paris, 1984, 257.

essentiels. L'intervention du langage lui est fatale.[377], ce que corroborait Alain (1868-1951) : *L'homme pensant, selon moi, c'est l'homme en mouvement ; ce qu'il garde en lui, ce n'est que structure et mouvement ; ce n'est point pensée*[378]. William James (1842-1910) n'affirmait pas autre chose quand, à propos du *moi dynamique,* il attestait de *la variabilité intrinsèque des états de conscience.* Pour lui, *la conscience va et ne cesse d'avancer et de ce fait jamais deux idées ne seront exactement identiques*[379]. L'objet était inapproprié à l'outil utilisé. En effet, alors que pour Charcot, l'image centralisée de l'objet se constituait indépendamment du langage, pour Freud, c'était exactement le contraire qui se produisait, la représentation du mot (*Wortvorstellung*) permettait de déduire la localisation de l'affection. Il opérait une sorte de retournement de la preuve en plaçant la parole avant l'idée[380]. Son modèle prenait même en compte les différences individuelles qui marquaient chaque apprentissage de la langue : ainsi une surdité verbale aurait été plus grave chez un illettré que chez celui qui aurait appris sa langue par la lecture[381]. L'hystérie pour s'exprimer utilisait des maux alors que l'analyste était en quête de vocables.

L'interprétation d'Henri Ey (1900-1977), plus récente, était plus nuancée. Il classait les symptômes protéiformes de l'hystérie en paroxysmes, en manifestations durables et en troubles somatiques. A propos des paroxysmes, sans s'attarder sur l'*hysteria major,* devenue exceptionnelle, Ey la citait néanmoins, car on en observait toujours les vestiges dans des manifestations névrotiques comme les crises syncopales, les symptômes extrapyramidaux (accès de hoquets, de bâillements, de toux ou d'éternuements, tremblements et secousses musculaires, tics, manifestations choréiques), l'hystéro-épilepsie, que Charcot avait magistralement décrite dans une célèbre leçon en 1872, les crises tétaniformes enfin, accompagnée d'une hyperpnée, dont on ne savait si elle agissait par ses aspects émotionnels ou par ses per-

---

377 Valéry P., *Cahiers*, Pléiade, 2010, **2**, 161, 165.

378 Alain, *Propos*, Pléiade, 1965, 299.

379 Changeux J.P., *Du vrai, du beau, du bien, une nouvelle approche neuronale*, Paris, 2008, 198.

380 Longé Thierry, *Sigmund Freud, pour concevoir les aphasies. Une étude critique.* ERES 1 Essaim, 2011/1, n°26, 169-179.

381 Sulloway Franck J., *Op. cit.*, 258.

turbations humorales. Le dernier volet des manifestations aiguës était constitué par les états crépusculaires caractérisés par une simple obnubilation ou une profonde stupeur, les amnésies paroxystiques partielles ou totales mais réversibles et les attaques cataleptiques enfin proches des sommeils hypnotiques de l'*hysteria major*. Les manifestations durables correspondaient à des troubles fonctionnels comme les paralysies, les contractures et les spasmes, les anesthésies, les troubles sensoriels. En dernier lieu, venaient les manifestations viscérales, spasmes digestifs le plus souvent, polyalgies, troubles vasomoteurs ou trophiques. Henri Ey concluait *que le contenu manifeste de l'hystérie est une exagération pathologique de certains modes normaux d'expression ... que ce sont là des manifestations non verbales de l'émotion ... que l'hystérique parle ce langage des organes avec une éloquence toute spéciale ... qu'il vit des métaphores au lieu de les parler et que c'est là l'essentiel du phénomène de conversion somatique*[382]. Il insistait sur la personnalité de l'hystérique et sur le fait que tout le monde s'accordait pour la décrire comme sujette à la suggestion, prompte à bâtir des châteaux en Espagne et victime de troubles de la sexualité, impuissance chez les hommes, frigidité chez les femmes ou perversions.

La piste physiologique promettait d'apporter la preuve de l'origine de l'hystérie et d'en déterminer le comment. Les neurologues et les neurophysiologistes du XXème siècle s'y engagèrent résolument. Pour Freud, le conflit psychique se symbolisait dans les symptômes corporels. Pour les physiologistes, il se traduisait par des symptômes somatiques. Raisonnement par analogie contre raisonnement expérimental.

On avait voulu expliquer les phénomènes hystériques par la libération de l'automatisme des centres inférieurs. Ainsi, Grasset admettait l'existence d'un centre psychique supérieur, qu'il appelait grand O, au niveau duquel il situait le siège du moi personnel, conscient, libre et responsable. Au-dessous, le polygone du psychisme inférieur recélait les centres du langage, de l'écriture, de la vision, de l'audition, de la motricité volontaire, de la sensibilité consciente, de la kinésie automatique (centre len-

[382] Ey H., Bernard P., Brisset Ch., *Op. cit.*, 403.

ticulo-strié)[383] et des perceptions sensitives élémentaires (centre opto-strié). Lorsque les communications centripètes, c'est-à-dire allant du polygone au centre O étaient indemnes, le sujet avait conscience[384] des actes automatiques. Leur interruption abolissait la conscience des actes automatiques. Dès lors il y avait *désagrégation sus-polygonale, émancipation et activité isolée du polygone désagrégé*[385]. Le mécanisme qui permettait de comprendre le comment de l'hystérie résidait dans cette désagrégation des deux psychismes et expliquait l'origine extra-pyramidale de ses symptômes. Ludo van Bogaert (1897-1989) et Robert Bing (1878-1956) devaient reprendre cette hypothèse de Grasset. Van Bogaert écrivait en 1935 : *L'essentiel du trouble hystérique réside dans une fragilité particulière de toutes ses fonctions d'intégration telle que, sous l'effet d'émotion, pour un sujet sain sub-liminal, se réalisent chez lui des dissociations neuronales ... On voit les inhibitions plus ou moins étendues mettant les fonctions cérébrales entières hors de portée du contrôle volontaire et en libérant d'autres.* Bing, à la même époque estimait également que, *si l'hystérie paraît copier les hypercinésies néostriaires tels que la chorée athétose hystérique, le torticolis mental, les tics hystériques, il ne s'agit certainement pas d'une simple mutation, d'une pathomimie inconsciente, mais plutôt d'une désinhibition qui libère des mécanismes moteurs*[386].

Les neurologues avaient remarqué les analogies symptomatiques entre les atteintes organiques du paléencéphale comme l'athétose, la chorée, l'hémiballisme[387], la maladie de Parkinson et certaines manifestations hystériques. On retrouvait ces troubles du tonus musculaires, ces mouvements incontrôlables dans les deux types de pathologie. Certains auteurs, comme A. Radovici

---

[383] Les noyaux striés, lenticulaire et caudé, font partie du contingent externe des noyaux gris centraux du paléencéphale, constitué, en dedans, par le thalamus et le métathalamus. Ils constituent les principaux centres effecteurs moteurs du paléencéphale.

[384] Selon Changeux, la conscience assumerait *la reconstruction de la réalité extérieure en une réalité neurale intérieure*. *Op. cit.*, 213.

[385] Rimbaud L., *Précis de neurologie*, Paris, 1948, 963.

[386] Rimbaud L., *Op. cit.*, 964.

[387] Syndrome du sujet âgé, consécutif le plus souvent à un ramollissement ou à une hémorragie du corps de Luys, caractérisé par des mouvements unilatéraux involontaires et violents de grande amplitude, prédominant à la racine des membres, avec tendance à l'enroulement en dedans, associés à une hypotonie.

considéraient *les formations optostriées végétatives et les voies extrapyramidales* comme *un véritable appareil hystérogène*[388].

Walter Cannon avait expliqué, comment le système nerveux végétatif, en mettant l'organisme dans les meilleures conditions d'utilisation de ses ressources, lui donnait la possibilité d'obvier à tout danger, *de se battre ou de fuir (fight or flight).* L'émotion se traduisait par des manifestations neurovégétatives stéréotypées, caractérisées par une accélération du rythme du coeur et une augmentation de la force de ses contractions, par une dilatation des bronches améliorant l'oxygénation de l'organisme, par une diminution du calibre des vaisseaux qui irriguaient la peau et les intestins ce qui permettait de privilégier l'apport sanguin au niveau des muscles. La mise au repos des fonctions digestives, la dilatation pupillaire améliorant la fonction visuelle, la libération dans la circulation d'adrénaline par les glandes surrénales et d'insuline par le pancréas, stimulant les fonctions énergétiques de l'organisme, complétaient ce dispositif de survie. Cannon avait démontré qu'un chat dont on avait séparé le cerveau du tronc cérébral présentait des signes de rage immotivée, mettant en évidence le rôle déterminant du cortex dans le comportement affectif. Tous ces mécanismes dépendaient du lien étroit qui associait les émotions et leurs manifestations aux fonctions végétatives. Ici intervenait une formation paléencéphalique qui régissait tout le système organo-végétatif, l'hypothalamus[389]. James Papez (1883-1958)[390] avait montré en 1937 qu'il existait une connexion entre l'hypothalamus et le cortex qui passait par la partie postérieure de celui-ci (corps mamillaires[391]) pour atteindre

---

[388] Rimbaud L., *Op. cit.*, 961.

[389] L'hypothalamus est constitué d'un nombre pair de noyaux formant le plancher et les parois inférieures et latérales du 3ème ventricule.

[390] Purves D. et al., *Op. cit.*, 739.

[391] Les corps mamillaires font partie de l'hypothalamus végétatif qui constitue lui-même la deuxième des trois couches des masses cellulaires qui se répartissent autour du 3ème ventricule. Ils appartiennent au circuit de Papez et au système limbique, jouant un rôle important dans la mémoire. Leur altération provoque le syndrome de Korsakoff des alcooliques caractérisé par la perte de la mémoire antérograde (incapacité à fixer de façon durable les souvenirs récents). Le circuit décrit initialement par Papez était constitué par des interconnexions entre corps mamillaires, thalamus, cortex cingulaire, hippocampe et hypothalamus. Par la suite des interconnexions ont été identifiées avec certaines zones du cortex préfrontal, avec des ganglions de la base et d'autres parties du thalamus, avec l'amygdale. Cet ensemble constitue le système limbique qu'on croyait autrefois uniquement dédié à l'olfaction et dont on sait depuis Papez qu'il intervient dans l'émotion ressentie et dans son expression.

certaines aires corticales après un relais thalamique. Une voie de retour vers l'hypothalamus était assurée par un gros faisceau de fibres appelé le fornix, avec un relais intermédiaire dans l'hippocampe. L'hypothalamus était donc le centre coordinateur des activités du système neurovégétatif, sympathique et parasympathique, en relation étroite avec ce qu'on appelait le système limbique, qui jouait un rôle déterminant dans le contrôle des comportements émotionnels. Cette zone de quelques centimètres cubes, située sous le thalamus[392], reliée à l'hypophyse par la tige pituitaire comporte un réseau veineux qui transporte dans l'hypophyse les hormones secrétées par les neurones hypothalamiques, dont l'ocytocine à l'origine des contractions utérines, de la lactation et de l'attachement. Les expériences de Walter Rudolph Hess (1881-1973) permettaient de mieux comprendre les rapports entre ces structures végétatives et les centres sympathiques ou parasympathiques. Il provoquait, grâce à des électrodes implantées dans l'hypothalamus de chat, des émotions et les mouvements leur correspondant. Plus récemment, Philippe Bard obtenait des résultats proche de ceux de Cannon. Il enlevait à des chats non seulement le cortex mais la substance blanche et les ganglions de la base. L'anesthésie dissipée, les animaux devenaient enragés sans motivation. Les signes qui accompagnaient cet état étaient semblables à ceux présentés normalement par l'animal effrayé : hérissement des poils, mydriase, tachycardie etc ... Or, si la section portait entre l'hypothalamus et le mésencéphale, seuls quelques éléments de réponse persistaient. Le cortex était donc indispensable à l'expression comportementale d'une émotion subjective mais pas à celui d'une émotion finalisée. Heinrich Klüver (1897-1979) et Paul Bucy (1904-1992) avaient observé que la destruction des deux lobes temporaux médians et d'une partie du système limbique chez des singes rhésus entraînait des troubles de la vision, des comportements oraux insolites, et une perte de leur agressivité. On devait constater par la suite que l'ablation d'une masse de matière grise, l'amygdale ou archistriatum reptilien[393], située profondément dans la partie anté-

---

[393] L'amygdale fait partie d'un ensemble de ganglions et de voies nerveuses reliés de façon dense à l'hypothalamus, au tronc cérébral et au néocortex et comprenant également l'hippocampe, le gyrus cingulaire et hippocampique, le septum. Ce groupe de noyaux et

rieure et médiane du lobe temporal, à l'avant de l'hippocampe provoquait les mêmes troubles. Or il s'agissait d'un centre de réception d'informations sensitives jouant *un rôle important dans l'expression des comportements émotionnels en influençant les systèmes moteurs efférents tant végétatifs que somatiques*[394].

Une récente étude par PET scan[395] portant sur sept sujets souffrant d'un hémisyndrome sensitivo-moteur a montré qu'une hypoactivation du thalamus[396] et des ganglions de la base disparaissait avec la guérison du syndrome correspondant. Une publication de 2007 concernait le cas d'une malade présentant un hémisyndrome dissociatif, apparu à la suite d'un grave stress affectif : l'IRM fonctionnelle[397] avait permis de constater qu'en l'obligeant à se remémorer cet épisode pénible, une hyperactivité amygdalienne se manifestait conjointement à une hypoactivité du cortex moteur du côté opposé à son déficit moteur[398].

L'imagerie médicale récente a montré chez des sujets présentant des syndromes de conversion des résultats en faveur de l'existence de mécanismes d'inhibition active de la fonction concernée par le trouble moteur, sensitif ou sensoriel. Ces re-

de voies nerveuses correspond au système limbique hérité des mammifères primitifs. L'amygdale gère la tristesse, la peur et l'émotion associée à la récompense.

[394] Purves D. et al., *Neurosciences*, Bruxelles, 2011, 743.

[395] Le PET scan ou Tomographie par émission de positons est une technique d'imagerie médicale permettant de mesurer en 3 D l'activité métabolique d'un organe grâce aux émissions de positons provenant de la désintégration d'une substance radioactive injectée auparavant. Cette méthode explore le métabolisme cellulaire : outre la détection des cancers, elle permet de mettre en évidence des régions actives du cerveau lors de telle ou telle activité cognitive.

[396] Le thalamus ou couche optique est un volumineux noyau dont la face interne correspond à la plus grande partie de la paroi du IIIème ventricule et la face externe, au noyau caudé et à la capsule interne. Sa face supérieure se situe sous le plancher du ventricule latéral et sa face inférieure repose sur la région sous-thalamique. Son extrémité postérieure présente un renflement, le pulvinar ou noyau postérieur. La couche optique est un centre sensitif pour les impressions superficielles douloureuses, thermiques, tactiles et pour une partie de la sensibilité profonde, Les nombreuses connexions entre thalamus et cortex joueraient un rôle important dans la régulation du niveau d'état de conscience de chaque individu et dans l'alternance veille/sommeil.

[397] L'IRM f est une application de l'imagerie par résonance nucléaire permettant d'objectiver indirectement l'activité cérébrale. Elle repose sur l'enregistrement des variations hémodynamiques cérébrales locales lors de la stimulation de ces zones. Cette localisation repose sur l'effet BOLD (Blood Oxygen Level Dependant) conséquence de l'aimantation de l'hémoglobine des hématies.

[398] Aybek S., Hubschmid M., Vuilleumier P., Burkhard P.R., A. Berney., Vingerhoets F.J.G., *L'hystérie : une entité historique, un trouble psychiatrique ou une maladie neurologique* ?, Revue médicale suisse, 4.12.2009, N° 3156.

cherches attribueraient plus volontiers les processus de conversion hystériques à un trouble de la volition qu'à un processus inconscient[399]. Deux hypothèses sont proposées pour expliquer ces phénomènes moteurs. La première postule que les mécanismes neurologiques fonctionnent de façon satisfaisante jusqu'à leur exécution. Autrement dit les directives ont été données, la feuille de route rédigée. C'est la réalisation de l'acte qui ne s'effectue pas. Elle est bloquée au niveau des plus hautes instances cérébrales par l'intervention de la volonté et de l'affectivité. En distrayant le sujet, on peut arriver à lever cette inhibition qui dépend d'une rivalité entre automatismes et activités conscientes. La seconde théorie présume que la déficience se constitue dès la programmation du mouvement. L'activité du système thalamique, du striatum et du pallidum[400] est atténuée et ne stimule plus suffisamment le cortex[401].

Grasset avait peut-être vu juste.

On a récemment établi que, chez des sujets auxquels on demandait de contracter tel ou tel muscle de la face correspondant à telle ou telle émotion, sans leur révéler quel sentiment ils exprimaient, joie, tristesse, colère, peur, des manifestations neurovégétatives correspondant à ces sentiments se manifestaient comme si le sujet les avait réellement éprouvées. On corroborait ces constatations en mesurant des paramètres objectifs comme la fréquence cardiaque ou la température. Plus grande était la corrélation entre l'émotion exprimée et son interprétation, plus la réponse au niveau du système nerveux autonome était importante. Cela rappelle cette anecdote concernant Lucien Guitry qui, au sortir de la scène au cours de laquelle il avait interprété un delirium tremens, en présentait quelques symptômes cliniques[402].

Les manifestations hystériques relevaient sans doute des mêmes mécanismes, les grimaces que nous montre

---

[399] Mouchabac Stéphane, *Op. cit.*, 27.

[400] Le striatum (néostriatum) et le pallidum (paléostriatum) sont deux centres effecteurs du paléencéphale reptilien. Ils traitent les afférences corticales qui prennent leur origine dans l'ensemble du cortex sensitif et moteur, et reçoivent des fibres issues du thalamus et se rendant au striatum, à travers la capsule interne. Par ailleurs, le striatum envoie de très nombreuses projections axonales sur le pallidum, ce qui explique son rôle dans le choix et le lancement des programmes moteurs volontaires.

[401] Mouchabac Stéphane, *Conversion hystérique et imagerie fonctionnelle*, Neuropsychiatrie : Tendances et Débats, 2007, 30.

[402] Sacha Guitry, *Si j'ai bonne mémoire*, Paris, 1934.

l'*Iconographie* devaient également entraîner ces désordres moteurs. *En effet, émotion et comportement moteur sont inextricablement liés*[403]. L'hystérique, entre les deux options de Walter Cannon (1871-1945), la lutte ou la fuite, choisissait la seconde. Il se dérobait devant des circonstances insoutenables, des évènements insurmontables.

Un autre facteur intervenait, et intervient toujours, dans le domaine des manifestations de l'hystérie, le génome et l'environnement. On a vu l'importance que les anciens auteurs attribuaient à l'hérédité. Les deux cerveaux, le vieux et le nouveau, sont rivaux et alliés, indissolublement liés par un incontournable biofeedback. Le nouveau modifie, facilite ou bloque les manifestations instinctives venues de ce qu'on appelait autrefois le rhinencéphale, qui correspond au cortex olfactif et comprend les éléments anatomiques et fonctionnels dont nous avons parlé : hippocampe, noyaux amygdaliens, grand lobe limbique, cerveau olfactif. Jamais on n'est parvenu à déclencher la *sham rage* en excitant le cortex, alors que Hesse nous a montré qu'on y parvient en stimulant l'hypothalamus. Le nouveau cerveau, infiniment riche en synapses, très sensible à l'environnement, est dépendant de l'éducation prodiguée, le vieux cerveau, dépositaire de comportements innés essentiellement axés sur la survie de l'individu et de l'espèce, est probablement prédéterminé génétiquement et donc moins accessible à l'apprentissage. Le néocortex, modelé par le milieu socioculturel, va réagir de façon nuancée et parfois imprévisible, alors que le cerveau reptilien donnera toujours la même réponse à un même stimulus. On peut imaginer, chez les pensionnaires de la Salpêtrière notamment, un conditionnement reposant sur les liaisons synaptiques et les réflexes conditionnés établis dans l'enfance entre néocortex et paléocortex, l'absence d'éducation du premier ayant laissé le champ libre à l'activité du second. La misère étant souvent l'agent provocateur ... La crise d'hystérie serait la réponse adéquate stéréotypée au stimulus que sera le choc traumatique ? C'était l'hypothèse avancée par Moreau de Tours, dès 1865, quand il parlait chez les hystériques, d'état mental hybride[404].

---

[403] Purves D. et al., *Op. cit.*, 734.
[404] Moreau de Tours J. J., *Traité pratique de la folie névrotique ...*, 193.

On comprend la gêne persistante éprouvée par les médecins psychiatres pour définir l'ensemble de manifestations qui ont caractérisé l'hystérie. Ce qui est troublant, c'est la permanence dans les tableaux cliniques de signes retrouvés dans les descriptions des auteurs du XVIème au XIXème siècle. Ces suffocations, ces boules oeso-pharyngées, ces convulsions, ces troubles de la motricité et de la sensibilité, ces clous hystériques, tout ce cortège de misères physiologiques déjà décrites par Fernel, Pison, Sydenham, Pomme, Louyer Villermay, Briquet montrent que Charcot ne fut pas le premier à tracer les grandes phases de l'attaque de l'*hysteria major* et de l'*hysteria minor*, déjà décrites par Louyer-Villermay un demi-siècle auparavant, mais aussi par Féré vers 1830. Aux descriptions que nous ont laissées Louyer-Villermé, Féré, Landouzy ou Briquet, il faut bien admettre qu'il ne manque que le crayon de Richer ou les photographies de Londe pour leur donner vie, tant elles ressemblent à celles immortalisées par l'équipe de la Salpêtrière dont on comprend mieux la frénésie pour les capturer. Néanmoins, il suffit d'ouvrir les *Démoniaques dans l'art* pour y retrouver les mimiques et les postures des hystériques de l'*Iconographie*, l'exemple le plus saisissant étant celui des dessins préparatoires et des peintures de Rubens illustrant les miracles de saint Ignace.

N'est-ce pas l'indice qu'il s'agissait de phénomènes strictement fonctionnels liés au déroulement normal des différentes phases de défense de l'organisme vis-à-vis d'une agression ? Les réactions immunitaires ont cessé de nous surprendre depuis que Jules Bordet (1870-1961), Ilia Metchnikoff (1845-1916) ou Paul Portier (1866-1962) et Charles Richet (1850-1935) nous les ont décrites et expliquées. Après tout, l'hystérie est peut-être à la résilience habituelle vis-à-vis du stress psychologique, ce qu'une réaction immunitaire excessive est à une réaction immunitaire habituelle.

Comment expliquer la raréfaction de l'hystérie convulsive de Charcot avec ses périodes épileptoïdes, passionnelles et délirantes, dès le début du XXème siècle ? Les travaux de Babinski, créateur du pithiatisme, y contribuèrent certainement. Les médecins comprirent qu'ils suggestionnaient parfois leurs malades et devinrent plus exigeants dans la détermination des critères définissant cette névrose. Ce démembrement effectué par Babinski et les progrès des explorations neurologiques firent sans doute que certains cas étiquetés hystérie retournèrent dans le giron des pathologies organiques comme certaines formes d'épilepsie, certaines maladies dégénératives du névraxe ou certaines tumeurs cérébrales.

On parle maintenant dans la DSM-IV (*Diagnostic and Statistical Manual of Mental Disorders)* de personnalité histrionique pour désigner ce que les anciens auteurs appelèrent, pendant des millénaires, l'hystérie puis brièvement, avec Moreau de Tours, *folie névrotique*, et durant quelques décennies, le pithiatisme. Ces individus ressentent le besoin d'être au centre de l'attention d'autrui. Ils manifestent un comportement provocant. Leur affectivité est superficielle. Ils sollicitent l'approbation concernant leur physique. Leur parler personnalisé est indigent. Leur théâtralisme, leur malléabilité, leur manque de jugement dans l'appréciation des liens avec leur prochain attirent l'attention. La clinique se réduit à peu de choses quand on se souvient de son foisonnement passé. Certes on évoque toujours chez eux cette suggestibilité qui multiplie les possibles formes cliniques. On observe encore des troubles somatiques : douleurs abdominales ou génitales, douleurs multiples, douleurs musculaires. De cet éclatement, précédé par le démembrement effectué par Babinski il y a plus d'un siècle, survivent les troubles dissociatifs (amnésie psychogène, dépersonnalisation, personnalités multiples) et les troubles de conversion (atteintes de la motricité volontaire, des fonctions sensitives ou sensorielles, convulsions ... à l'origine de souffrances cliniquement significatives ou d'un handicap social ou professionnel ...).

La pathogénie est bien différente selon qu'elle ressort d'une approche cognitive ou psychanalytique. Dans le premier cas, on évoque des mécanismes de défense comme *la répression, le déni, la dissociation et la suppression*[405]. Dans le second, on évoque un retour à la rêverie infantile, au rejet des fantasmes sexualisés de la prime enfance, à la relation de l'enfant à l'objet expliquant la suggestibilité. Traitements : la thérapie cognitive ou dynamique, l'hypnose, la psychanalyse, réservée aux patients capables de recul et d'introspection, les antidépresseurs.

[405] Guelfi J.-D., Rouillon F., *Manuel de Psychiatrie*, Paris, 2012, 403.

Mais l'hystérie est-elle réellement une maladie ? On voit que depuis l'Antiquité, elle correspondait à une entité nosologique pourvue d'une identité véritable et d'une autonomie incontestables. Pour Charcot et son école, c'était indéniable. Pour Freud, ça ne faisait aucun doute. Pour Grasset, Pavlov ou Babinski, c'était bien moins évident et ils ne voyaient en elle que des phénomènes physiologiques, qui, aussitôt enclenchés, se déroulaient selon un programme préétabli inscrit dans les gènes de temps immémoriaux. Avec toute la prudence que nécessite le raisonnement par induction, on peut établir un rapprochement entre le comportement hystérique et celui de certains animaux en présence d'un danger. Ils observent une parfaite immobilité ou modifient leur conduite pour faire accroire au prédateur qu'ils ne sont pas une proie comestible : comportement d'arrêt. On peut imaginer que, chez l'être humain, il s'agit de la survivance d'une attitude ancestrale d'adaptation à un environnement hostile. L'individu mimerait une crise convulsive, une paralysie, une cécité pour amadouer un ennemi, un rival ou se valoriser vis-à-vis de ses proches.

L'hystérie dépend du domaine affectif et en cela Charcot et Freud avaient raison contre Babinski. L'émotion se traduit par des manifestations somatiques sous la dépendance du système limbique. Celui-ci est un legs phylogénétique des mammifères primitifs. Ses connexions forment un écheveau de boucles qui relie entre eux l'hypothalamus, l'amygdale et le cortex. Le chaînon manquant qui permettrait peut-être d'apporter la preuve que cherchait Charcot et l'explication que proposait Freud, c'est le mode de fonctionnement des circuits qui permettent la manifestation de nos émois : ainsi l'exclusion du champ de la conscience de certains programmes moteurs (du fait d'une perte de cohésion du système qui la sous-tend) pourrait susciter un déficit moteur ou une paralysie[406]. Son élucidation permettrait sans doute la compréhension des mécanismes de contrôle de nos émotions. En attendant une réponse scientifique plus argumentée, nous laisserons provisoirement le dernier mot à André Breton : *L'hystérie n'est pas un état pathologique et peut, à tous égards, être considérée comme un moyen suprême d'expression*[407].

---

[406] Mouchabac Stéphane, *Op. cit.*, 25.
[407] Gauchet M., Swain G., *Op. cit.*, 267.

Bibliographie

Alain, *Propos*, Pléiade, Paris1965.
Aran A., Arch. gén. de méd., 1850, série 4, **24**, 30-35.
Babinski J., *Définition de l'hystérie*, Société de neurologie de Paris, séance du 7 novembre 1901, 2.
Babinski J., *Démembrement de l'hystérie traditionnelle, pithiatisme*, Paris, 1909.
Benesteau Jacques, *Mensonges freudiens*, Paris, 2002.
Bernard Claude, *Introduction à l'étude de la médecine expérimentale*, Paris, 1865.
Bernard Claude, *La science expérimentale*, Paris, 1878.
Bernheim H., *Hypnotisme, suggestion, psychothérapie*, Paris, 1891.
Bouchara C., Mazet P., Cohen D., *Un premier schéma de l'inconscient par Charcot*, Psychiatr. Sci. Hum. Neurosci., 2010, **8**, 3, 163-169.
Bourneville, Regnard, *Iconographie photographique de la Salpêtrière*, service de M. Charcot, Paris, 1878, **2**, Fig. 8, 165.
Bourneville, Regnard, *Iconographie photographique de la Salpêtrière*, service de M. Charcot, Paris, 1878, **2.**
André Breton, *Œuvres complètes*, La Pléiade, **1**, **2**, Paris, 2008.
Briquet P., *Traité clinique et thérapeutique de l'hystérie* Paris, 1859.
Dujardin-Beaumetz, *Leçons de clinique thérapeutique*, Paris, 1891.
Calmeil J.L.F., *Traité des maladies inflammatoires du cerveau*, Paris, 1859.
Changeux J.P., *Du vrai, du beau, du bien, une nouvelle approche neuronale*, Paris, 2008.

Charcot J.-M., Robin C., *Observation de leucocythémie*, C.R. Soc. Bio., 1853, 3, 44-50.
Charcot J.-M., *Sur la claudication intermittente*, C.R. soc. bio. de Paris, 1858, Mémoires, 1859, 2ème série, **5**, 225-238.
Charcot J.-M., *Contribution à l'étude des altérations anatomiques de la goutte,* C.R. Soc. Biol., 1864, 3ème série, 5, 139-163.
Charcot J.-M., *Sur quelques arthropathies qui paraissent dépendre d'une lésion du cerveau ou de la moelle épinière*, Arch. de physio. norm. et patho., 1868, **1**, 161-178 ; 379-400.
Charcot J.-M., *Histologie de la sclérose en plaque*, Gaz. des hôp., 1868, **41**, 554-555, 557-558, 566.
Charcot J.-M., Joffroy A., *Une observation de paralysie infantile s'accompagnant d'une altération des cornes antérieures de la substance grise de la moelle*, C.R. Soc. Bio., 1870, **1**, 312-315.
Charcot J.-M., *Des amyotrophies spinales chroniques,* Prog. Méd., 1874, 2, 325, 341.
Charcot J.-M., *Leçons sur les maladies du système nerveux faites à la Salpêtrière*, Paris, 1875.
Charcot, Lettre de Charcot à Brissaud, vers février 1885, Arch. et manusc. de la bibliothèque de l'Acad. de Méd., *Calames* internet.
Charcot J.-M., Marie P., *Sur une forme particulière d'atrophie musculaire progressive souvent familiale débutant par les pieds et les jambes et atteignant plus tard les mains*, Rev. de méd., février 1886, VI, 97-137.
Charcot J.-M., Richer Paul, *Les démoniaques dans l'art*, Paris, 1887.
Charcot, *Leçons sur les maladies du système nerveux faites à la Salpêtrière*, Paris, 1887, **3.**
Charcot J.-M., *Leçons du mardi à la Salpêtrière. Policlinique.* Notes de cours de MM Blin, Charcot et Colin, 1887-1888.
Charcot J.-M.,*Leçons sur les maladies du système nerveux*, 1887, **3.**
Charcot, *Clinique des maladies du système nerveux*, Paris, 1893.
Charcot J.-M., *Œuvres complètes*, Paris, 1888-1894.
Charcot, Pitres, *Les centres moteurs corticaux*, Paris, 1895.
Charcot J.M., *Leçons sur les maladies du foie et des reins*, Paris, 1877.

Charcot J.-M., *La foi qui guérit*, Revue hebdo., 1892, **7**, 112-132.
Chouppe H., *Leçons sur les maladies du système nerveux par M. Charcot*, Revue des sciences médicales en France et à l'étranger, recueil trimestriel analytique, critique et bibliographique, Paris, 1873, **2**, 661-662.
Cruveilhier Jean, *Anatomie pathologique du corps humain ou description avec figures lithographiées et coloriées des diverses altérations morbides dont le corps humain est susceptible*, Paris, 1829-1842.
Cruveihier J., *Paralysie musculaire atrophique*, Rev. de thérap. méd. chir., 1853, **1**, 220.
Daudet Léon, *Les œuvres et les hommes*, Paris, 1922.
Daudet L., *Souvenirs des milieux littéraires, politiques, artistiques et médicaux*, Paris, 1920-1926.
Daval S., Guillemain B., *Psychologie, les fonctions psychiques*, **1,** 523-540.
Debray-Ritzen Pierre, *La psychanalyse cette imposture*, Paris, 1991.
Dechambre A., article Hérédité, *Dictionnaire encyclopédique des sciences médicales*, 1888.
De Brinon H. : G. Schmallfuss, *Zur Castration bei Neurosen*, Revue des sciences médicales ..., **27**, 1886.
Didi Huberman G., *Invention de l'hystérie, Charcot et l'iconographie photographique de la Salpêtrière*, Paris, 1982.
Dubois F., *Histoire philosophique de l'hypocondrie et de l'hystérie*, Paris, 1837.
Duchenne de Boulogne G.B.A., *De l'ataxie locomotrice progressive*, Arch. gén. de méd., 1858, 5ème série, **12**, 641-652 ; 1859, **13**, 36-62, 158-181 ; 417-451.
Ey H., Bernard P., Brisset Ch., *Manuel de psychiatrie*, Paris, 1963.
Fedida P., Guyotat J., Robert J.M., *Génétique clinique et psychopathologie*, Paris, 1982
Féré A. article *Hystérie* du Dictionnaire en 15 volumes, Paris, 1833.
Fernel, *Ioan. Fernelii ambiani Universa medicina ab ipso quidem authore ...*, Francfort, 1578.

Ferry Luc, *La génétique contre les psy*, Le Point, 21 octobre 1995, 1205, 105-114.
Freud S., *Totems et tabous*, Paris, Payot, 1968.
Freud S., *Œuvres complètes, psychanalyse, 1893-1895, Etudes sur l'hystérie et textes annexes*, Paris, 2009, **2.**
Freud S., *Œuvres complètes ... Léonard de Vinci, un cas de paranoïa, Cinq leçons, autres textes,* Paris, 2009, **10.**
Freud S., *Œuvres complètes ... Psychanalyse, Le Moïse de Michel-Ange, Histoire du mouvement psychanalytique, Pour introduire le narcissisme, Ecrits techniques,* Paris, 2006, **12.**
Freud S., *Cinq psychanalyses,* Paris, 2011.
Galien, *Œuvres anatomiques, physiologiques et médicales ... par le Dr. Ch. Daremberg*, Paris, 1856.
Garnier Paul : Mitchell Weir, *Du traitement méthodique de la neurasthénie et de quelques formes d'hystérie*, Paris, 1883, Revue des sciences médicales, **23**, 1884, 114-115.
Garnier Paul: Charcot, Richer, *Contribution à l'étude de l'hypnotisme chez les hystériques ; du phénomène de l'hyperexcitabilité neuro-musculaire*, Arch. de neurol. N° 5,6,7,8,9 et 15, 1884), Revue des sciences médicales ..., **25**, 1885, 18.
Garrod A.B., *La goutte, sa nature, son traitement et le rhumatisme goutteux* ... traduit de l'anglais par Auguste Ollivier ... et annoté par J.M. Charcot ..., Paris, 1867.
Gauchet Marcel, Swain Gladys, *Le vrai Charcot. Les chemins imprévus de l'inconscient*, Paris, 1997.
Gay Peter, *Freud, une vie*, Paris, 1991.
Gehuchten A. van, *Les maladies nerveuses*, Louvain, 1936.
Gelfand T., Goetz C.G., *Charcot, un grand médecin de son siècle*, Paris, 1996.
Gilman Sander L., King Helen., Porter R., Rousseau G.L., Showalter Elaine., *Hysteria beyond Freud*, Berkeley, 1993.
Guillain G., *J.-M. Charcot, 1825-1893, sa vie-son œuvre*, Paris, 1955.
Gley E., *Traité élémentaire de physiologie*, Paris, 1913.
Grasset J., article Hystérie, *Dictionnaire encyclopédique des sciences médicales*, S.4, **15**, 240.
Guelfi J.-D., Rouillon F., *Manuel de Psychiatrie*, Paris, 2012.
Gueneau de Mussy N., *Clinique Médicale*, Paris, 1874.

Guinon Georges, *Les agents provocateurs de l'hystérie*, Paris, 1889.
Hanot Victor, *Etude sur une forme de cirrhose hypertrophique du foie (cirrhose hypertrophique avec ictère chronique),* Paris, 1876.
Hippocrate, *Œuvres complètes* ... E. Littré, Paris, 1839-1861.
Huchard H., *Etudes cliniques et thermométriques sur les maladies du système nerveux par M. Bourneville* ..., Revue des sciences médicales en France et à l'étranger, 1873, 1, 660.
Huchard H ., *Description d'une attaque d'hystéro-épilepsie par Charcot* (Soc. De biol., 13 juillet 1878, et Gaz.méd. de Paris, 30, 1878), Revue des sciences médicales, **13**, 1879, 180-181.
Janet Pierre, *Etat mental des hystériques Les accidents mentaux*, Paris, 1895.
Janet P., *L'état mental des hystériques. Etudes sur divers symptômes hystériques*, Paris, 1931.
Jung C.G., *Psychologie de l'inconscient*, Paris, 1996.
Labarthe Paul, *Nos médecins contemporains*, Paris, 1868.
Lacan J., *Intervention ... à Bruxelles*, Quarto, suppl. à la Lettre mensuelle de l'Ecole de la cause freudienne, 1981, n°2.
Laplanche J., Pontalis J.B., *Vocabulaire de la psychanalyse*, Paris, 2007.
Larguier Léo, *Les vieux hôpitaux français. La Salpêtrière*, Paris, 1939.
Lellouch A., *La nouvelle Théorie des sciences de J.-M. Charcot 1826*-1893, Hist. des Sc. Méd., **28**, 4, 1994, 303.
Leroux H. : Ballet, *De l'électricité statique particulièrement dans ses applications au traitement de l'hystérie*, (Progrès médical, 23-30 avril 1881), Rcvue des sciences médicales ..., **18**, 1881, 498-499.
Liébeault H.H., *Le sommeil provoqué et les états analogues*, Paris, 1889, 286.
Lorenz Konrad, *Les fondements de l'éthologie*, Paris, 1984.
Luys J., *Le cerveau et ses fonctions*, Paris, 1882.
Marie P., *L'hystérie à la consultation du bureau central : étude statistique*, Revue des sciences médicales ..., **35**, 1890, 169.

Mauduyt, *Mémoire sur le traitement électrique administré à quatre-vingt-deux malades*, in Histoire de la Société Royale de Médecine, Paris, 1780, **2**, 199-455.
Mijolla Alain de, *Les lettres de Jean-Martin Charcot à Sigmund Freud (1886-1893). Le crépuscule d'un dieu*, Rev. Franç. Psychanal., 3/1988, 703-725.
Moreau de Tours Jacques Joseph, *Psychologie morbide,* Paris, 1859.
Moreau de Tours Jacques Joseph, *Traité pratique de la folie névropathique (vulgo hystérique),* Paris, 1869,
Onfray Michel, *Le crépuscule d'une idole, l'affabulation freudienne*, Paris, 2010.
Oulié Marthe, *Jean Charcot*, Paris, 1937.
Panckoucke, *Dictionnaire des sciences médicales par une société de médecins et de chirurgiens,* Paris, 1818.
Pavlov, *Œuvres choisies*, Moscou, 1954.
Pavlov, *Typologie ...*, Paris, 1955.
Philippe Cl., *Contribution à l'étude anatomique et clinique du tabès dorsalis*, Paris, 1897, 17-19.
Piorry P.A., *Traité de médecine pratique et de pathologie iatrique ou médicale*, Paris, 1850.
Pison C., *Selectiorum observationum et consilorum ...*, Amsterdam, 1733.
Platon, *Œuvres complètes*, sous la direction de Luc Brisson, Paris, 2008.
Poirier Jacques, *Edouard Brissaud, Un neurologue d'exception dans une famille d'artistes*, Paris, 2010.
Polizotti Mark, *André Breton*, Paris, 1995.
Pomme P., *Traité des affections vaporeuses des deux sexes où l'on a tâché de joindre une théorie solide à une pratique sûre fondée sur des observations*, Paris, 1769.
Purves D. et al., *Neurosciences*, Bruxelles, 2011.
Quinodoz J.-Michel, *Lire Freud, découverte chronologique de l'œuvre de Freud*, Paris, 2005.
Richer P., Gilles de la Tourette, article *Hypnotisme*, Dictionnaire encyclopédique des sciences médicales, S.4, **15**, 68.
Semelaigne R., *Les pionniers de la psychiatrie française*, Paris, 1930-1932.

Sainton Paul, *L'amyotrophie type Charcot Marie*, Paris, 1899.
Sulloway Franck J., *Freud, biologiste de l'esprit*, Paris, 1998.
Sydenham, *Médecine pratique*, Paris, 1784.
Terrier, *Douleurs ovariennes ; crises d'hystérie ; opération de Battey ; guérison.* Revue des sciences médicales ..., **27**, 1886, 574.
Teyssou R., *Une histoire de l'ulcère gastro-duodénal, Le pourquoi et le comment*, Paris, 2009.
Torok J.-P., *André Breton ou la hantise de l'absolu*, Paris, 2011.
Troisier , *De l'amblyopie hystérique par le Dr E. Landolt* (Arch. de phys. norm. et pathol., 1875), Revue des sciences médicales, **7**, 1876, 289-290.
Valéry P., *Cahiers*, Pléiade, 2010, **2.**
Valleix, François Louis Isidore, *Guide du médecin praticien ou résumé général de pathologie interne et de thérapeutique appliquées*, Paris, 1847.
Vapereau G., *Dictionnaire universel des contemporains*, Paris, 1893.
Virgile, *Enéide*, Les Belles Lettres, Paris, 1936.
Woillez E.J., *Dictionnaire de diagnostic médical*, Paris, 1862.

Index

Table des matières

511160 - Novembre 2012
Achevé d'imprimer par